国家示范性高等职业院校课程改革教材

Shoufei Xitong Jicheng yu Weihu

收费系统集成与维护

陈　瑜　主　编
李冬陵　主　审

人民交通出版社

内 容 提 要

本书为“国家示范性高等职业院校课程改革教材”之一。全书以高速公路收费系统集成与维护的内容为基础,结合高速公路收费岗位、监控岗位和维护岗位的职业技能要求,通过项目式教学的思维模式编写而成。本书内容包括:联网收费系统的认识与应用,半自动联网收费系统集成方案设计,计重收费系统集成方案设计,不停车收费系统集成方案设计,收费系统的日常维护与应急处理,收费系统典型设备的维护。同时在项目结束还有相关内容的阅读材料。

本书可作为高职院校交通安全与智能控制专业及其相近专业的教材,亦可供高速公路运营管理人员及相关技术人员参考使用。

图书在版编目(CIP)数据

收费系统集成与维护/陈瑜主编.—北京:人民交通出版社,2010.3

ISBN 978-7-114-08286-3

I.①收… II.①陈… III.①高速公路-公路费用-征收-系统-高等学校:技术学校-教材 IV.①F540.4

中国版本图书馆 CIP 数据核字(2010)第 040548 号

国家示范性高等职业院校课程改革教材

书　　名:收费系统集成与维护
著 作 者:陈　瑜
责任编辑:黎小东
出版发行:人民交通出版社
地　　址:(100011)北京市朝阳区安定门外外馆斜街 3 号
网　　址:http://www.ccpress.com.cn
销售电话:(010)59757973
总 经 销:人民交通出版社发行部
经　　销:各地新华书店
印　　刷:北京市密东印刷有限公司
开　　本:787×1092　1/16
印　　张:7.5
字　　数:170 千
版　　次:2010 年 3 月　第 1 版
印　　次:2013 年 12 月　第 2 次印刷
书　　号:ISBN 978-7-114-08286-3
定　　价:19.00 元

国家示范性高等职业院校课程改革教材
编审委员会

序　言

我院在长期的办学实践中，不断深化教育教学改革，先后与80多家大中型企业开展合作办学，探索出了“订单”培养、“秋去春回、工学交替”等人才培养模式，毕业生深受用人单位的欢迎，实现了学校、企业、学生的“共赢”。在校企合作中，我们深刻体会到，要真正实现“技能训练与岗位要求对接、培养目标与用人标准对接”，就必须有一套工学结合的教材，于是就有了与企业技术骨干一起编写教材之愿望，随后几年，各种讲义、校本教材不断涌现。

教育部《关于全面提高高等职业教育教学质量的若干意见》中指出：“高等职业院校要积极与行业企业合作开发课程，根据技术领域和职业岗位（群）的任职要求，参照相关的职业资格标准，改革课程体系和教学内容。”“与行业企业共同开发紧密结合生产实际的实训教材，并确保优质教材进课堂。”2007年，我院被正式列为第二批国家示范性高等职业院校建设单位，开发“工学结合特色教材”作为国家示范重要建设项目，被郑重地写入了建设任务书。

三年来，各教材主要撰写人带领团队成员，深入“订单”企业调研，广泛听取企业、学生、职教专家等多方人士意见，并结合国外先进的职教经验，遵循基于工作过程导向的课程开发理念，夙兴夜寐，多易其稿，进一步丰富了原讲义的内容，并付诸教学实践。正是有了各专业教学团队的辛勤耕耘，这套工学结合的系列教材才得以顺利付梓。在这里，我要道三声感谢：感谢国家示范建设项目的实施给我们提供了千载难逢的参与机会，感谢各位行业、企业专家的悉心指导，感谢各位老师、主要撰稿人为之付出的劳动。

诚然，由于我们课程开发的理论功底不深，深入实践的时间有限，教材中错误也在所难免。正如著名职教专家姜大源在国家示范性高等职业院校建设课程开发案例汇编《工作过程导向的高职课程开发探索与实践》序言中所说：“这只是一部习作。习者，蹒跚学步也。”它“虽显稚嫩，却是新起点”。诚恳希望各位同行、专家批评指正。

工学结合是职业教育永恒的主题。即将颁布和实施的《国家中长期教育改革和发展规划纲要(2010~2020)》对大力发展职业教育做出了许多重大举措,特别提出了制定校企合作法规,调动企业参与职业教育的积极性。可以说,职业教育将迎来又一个新的春天。欣逢盛世,责任重大。我们将一如既往的加强与企业的合作,积极探索多种形式的职业教育模式,开发适应企业和市场需求的专业教材,努力培养更多的高技能人才,为实现我国从人力资源大国到人力资源强国的转变做出应有的贡献。

路漫漫其修远兮,吾将上下而求索。

是为序。

王章华

2010 年 3 月于岳麓山下

(王章华为湖南交通职业技术学院院长、教授,中南大学硕士生导师)

前　言

高速公路在运输能力、速度和安全性方面具有突出优势，对实现国土均衡开发、建立统一的市场经济体系、提高现代物流效率和公众生活质量等具有重要作用。目前，全世界已有80多个国家和地区拥有高速公路，通车里程超过了23万km。高速公路不仅是交通现代化的重要标志，也是国家现代化的重要标志。

据交通部公布的《国家高速公路网规划》，截至2007年年底，建成4.2万km，完成"五纵七横"国道主干线系统中的高速公路。到2010年末，实现"东网、中联、西通"的目标，建成5万~5.5万km，完成西部开发8条公路干线中的高速公路，基本贯通"7918网"中的"五射两纵七横"14条路。

随着我国高速公路的加速建设，高速公路的运营管理是确保发挥其安全、舒适、快捷的运输等特点的保障，为了充分发挥其优势，必须完善与其相配套的机电系统的管理。其中，收费系统的智能化是高速公路通行费征收的安全、快捷、高效的重要保障。随着计算机技术、电子技术的发展，我国高速公路的运营管理正朝着专业化的方向发展，对收费系统的运行和维护有了更高的要求。因此，我们组织一批有实践经验的、长期从事高速公路机电系统维护工作一线的教师编写了本教材。

本书由湖南交通职业技术学院陈瑜、曾瑶辉、田杰、赵竹、刘虹秀、陈媛共同编写。陈瑜任主编，负责全书的统稿工作；曾瑶辉、田杰、赵竹、刘虹秀、陈媛任副主编。

本书由李冬陵工程师主审，他对本书提出了许多宝贵的意见；谭任绩、曾瑶辉两位教授对本书的编写工作给予了大力的支持。在此对他们深表谢意！

由于编者水平有限，加之高新技术的不断发展，书中错漏之处在所难免，恳请使用本教材的教师和广大读者批评指正。

编　者

2010年2月

目　　录

项目一　联网收费系统的认识与应用

第一节　通行费征收常识

高速公路建成交付使用后，对行驶于其上的车辆收取通行费，用以偿还建路贷款，补偿建路所耗巨额资金，维持道路养护管理费用的支出，是当今世界上大多数国家发展高速公路的通行做法，亦是我国各地自行摸索并得到国家明确认可的行为。基于我国高速公路建设任务重、资金短缺的矛盾十分突出这一基本国情，征收车辆通行费、修建收费公路，将成为今后我国高速公路建设和发展的主旋律。

高速公路收费作为一个系统，必须考虑高速公路交通运输的特点，以充分发挥其效益，最大限度的吸引交通。公路收费不同于一般的财务问题，它既要求严谨，防止贪污作弊，又要有时间观念，收费手续应尽可能简便，否则会造成道路使用者较大的缴费延误成本，必然影响高速公路快速、安全、舒适等特性的发挥。因此，在公路收费系统的设计中，应在考虑道路类型、交通量分布、社会环境和投资状况的基础上，综合分析道路收费系统的投资效益，合理选择收费方案，即收费制式、收费方式和收费标准，这是决定收费系统设计合理的关键。

一、征收车辆通行费的意义

车辆通行费的征收以及收费制度的逐步完善，给高速公路发展注入了生机和活力，具有十分重要的意义。

1. 开辟了公路建设新的资金渠道

高等级公路建设是一项耗费巨大、建设周期较长的公共工程。公路运输是整体交通运输体系中最重要的组成部分，一些地区的交通运输完全依赖于公路。一般来说，公路运输所承担的运输量约占社会运输总量的 70% ~90% 。然而发展公路运输根本取决于公路技术条件，这就要筹集大量资金，修建一大批高等级公路。

收取公路通行费可以开辟新的公路建设资金来源，解决长期依靠政府投资、公路建设事业发展缓慢的问题。资金是一切建设事业发展的启动力。良好的公路设施改善了行车条件，给公路使用者带来了直接利益，向公路使用者收取一定的过路费，能为公路发展提供基金，这是一件利国利民的好事。

2. 提供了加强公路养护与管理新的条件

高等级公路的养护与管理资金，直接从新征收的车辆通行费中提取，减少了许多中间环节，更有利于消除公路的养护管理中的不计成本、不讲经济核算的种种弊端，从而推进公路管理部门由事业型向企业化管理的过渡。同时，运用征收通行费这一经济调节手段，还能对公路使用者进行一些限制，防止因超限运输、交通量过大对公路设施的过分磨损破坏，以及带来的交通拥挤阻塞，从而更充分地发挥公路设施的功能和作用。

二、通行费收费制式

收费制式是道路收费系统的基本体制,收费制式决定了道路收费系统的建设规模、建设位置、收费流程。对某一条高速公路来讲,收费系统通常采用以下几种收费制式:全线均等收费制(简称均一式)、按路段收费制(简称开放式)、按实际行驶里程收费制(简称封闭式),如图1-1所示。也有些公路主管部门根据其道路情况采用两种或两种以上制式的混合型,如开放式与均一式混合。

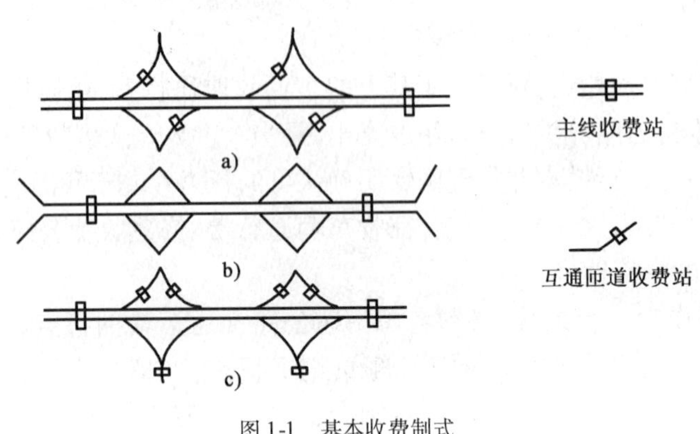

图1-1　基本收费制式

a)均一式;b)开放式;c)封闭式

(一)均一式收费制式

1.均一式收费制设置形式

均一制是最简单的一种收费制式,其收费站一般设在收费公路的各个入口处(包括主线两端入口和互通立交入口),而主线和出口都不再设站,这样,每辆车在进入收费公路时都要经过一个收费站交费,然后就可以自由行驶,不再拦阻。

2.均一制收费的特点

均一式收费仅根据车型一个因素决定,与行驶里程无关,而且各个收费站都取同一收费标准,并且收费一次完成。均一式具体有以下特点:

(1)收费站设在每个入口处,出口不设收费站。

(2)车辆行驶高速公路只需一次停车交费,而且由于收费标准单一,使收费手续简便,效率更高,对交通的影响较小,同时收费设备简单,节省了前期投资和运营费用。

(3)由于只在入口建收费站,所以对道路的互通立交的限制不是很严格,而且由于收费效率高,只较小的收费广场(较小的收费车道)就可以保证车辆在此不至于聚集等待,这样可以节省土建投资,运营时需要收费员比较少,可节省运营费用。

(4)对道路及互通式的限制较少,可同时兼顾入口处交通管理,阻止行人、非机动车及不合要求的车辆进入高速公路。当高速公路主线交通趋于饱和时,可通过关闭部分或全部收费车道来实现对高速公路的交通控制,以实现其设计服务水平,更好地发挥高速公路的功效。

(5)在入口处可获得交通情报(如交通车辆类型及分型交通量)。

由于均一式实行入口一次收费,如果道路里程较长,车辆行驶里程的差距较大,却缴纳同样的通行费,这样就显得不够公平合理,因而均一式比较适合于都市高速公路道路和短途城市间高速公路。其道路交通特点是交通总里程较短,道路入出口(互通式立交)多而且密集,车辆行驶里程差距不大(15~30km),而且交通量很大等。

（二）开放式收费制式

1. 开放式收费制的形式

开放收费系统的收费站建在高速公路主线或路障式收费系统。这种收费形式的收费站建在高速公路主线上，距离较长的高速公路可以建多个收费站，距离一般在 40～60km 不等。各个入口不再设站，这样车辆可以自由进出，不受控制，高速公路对外界呈“开放”状态。每个收费站的收费标准同均一式一样，仅根据车型不同而变化，但各站的标准则因控制距离不等而有所区别，在这方面和均一式有所不同。车辆通过收费站时需停车交费，长途车辆可能经过多个收费站而需交多次费，这样能体现行驶距离长短决定收费金额的原则。

2. 开放式收费制的特点

1）主要优点

（1）收费手续简便，效率很高，与均一式相似，每辆车平均服务时间约为 9s，对交通影响较小。

（2）所需建的收费站和收费车道数量较少，即收费系统的规模较小；另外由于收费广场不建在互通立交处，因而对立交形式没有限制，可以选择满足交通需求的最简单形式，所以土建投资较节省，运营时需要的收费员也较少。

（3）收费设备简单、数量少，因而设备投资较节省，维护费用也较少，总的运营成本较低。

（4）长途车辆因多次交费而间歇停顿，用于减缓驾驶员因长时间单调驾驶而产生的疲倦，客观上有利于行车安全。

（5）主线收费站可以获取高速公路相应路段的交通情报，如分车型的上下行交通量等。

2）主要缺点

（1）当在两个收费站之间设有两个以上互通立交时，会出现漏收情况，这将影响收入和还贷计划的实现。

（2）和均一式相似，由于不能严格地按行驶里程收费，因此收费标准的制定不能做到很准确、合理，存在少收、漏收现象。

（3）不能兼顾高速公路入出口的交通管理。

（4）长途车辆多次收费，使用者多次停车影响行驶时间。

开放式收费制适用于较短或者互通立交比较稀少的道路，通常，独立的桥梁、隧道收费多采用这种制式。

（三）封闭式收费制式

1. 封闭式收费制式的形式

封闭式收费系统收费站建在各互通立交出入匝道口上，或一个收费站控制整个立交的所有匝道（即增加立交的引道），高速公路起终点收费站也可以建在主线上。车辆进入高速公路都要受到控制，但在高速公路内部可以自由行驶，高速公路对外呈“封闭”状态。车辆行驶在高速公路上时全程停车两次，领通行券一次，交费一次。

封闭式系统收费的依据是通行券，为了提高通行券数据处理的效率和准确性，目前世界上多采用磁卡通行券收费。车辆进入高速公路时，将所有信息记录在通行券的磁带上，其记录的信息量大，且不易伪造和删改，出口车道设置读卡机可以自动读出记录的信息并传送到收费站的计算机中。

2. 封闭式收费制的特点

1）主要优点

(1)严格按车种和行车里程收费,公平合理。

(2)能控制漏收情况。

(3)停车及交费次数少,使用者容易接受。

(4)可以兼顾入出口的交通管理。

(5)借助通行券上记录信息,可以获得多种交通情报,如各出入口的分时交通量,各立交交通量的分配,各路段交通量及平均行车速度等。同时,亦可依据记录的信息,对收费人员的工作量,差错率及工时利用率等实行跟踪管理与考核。

2)主要缺点

(1)收费站及收费车道数多,收费站与互通立交合建一处,为便于收费,立交形式需作专门考虑,投资增大。

(2)入口、出口车道因分别装有各自的收费设备且相当固定,不易开辟中央往复变向车道。

(3)较难改成免费道路。

(4)入口操作简便,但出口操作复杂,费时较多,为了不影响交通,只能增多出口车道。

(5)收费设备复杂,造价高,管理维护费用高。

(四)混合式收费制式

混合式收费由开放式、封闭式等多种形式结合而成,即在主线上设一定数量的收费站,间距大于40km,在两主线站之间的部分匝道设收费站,每个站的收费标准仅根据车型不同而变化,但各站的标准则根据收费区间的不同而有所区别。收费区间通常以互通立交为界。混合式收费适用于距离长、互通立交间距大、人烟稀少、长途行驶车辆较多的道路。混合式收费短途行驶车辆停车一次,长途行驶汽车停车数次。

1)主要优点

(1)收费手续简单,效率高,对交通的影响小,这点与均一式、开放式相同。

(2)部分车辆停车一次。

(3)收费站比封闭式少,因而土建,设备和配套设施少,投资省,运营期人员少,运营、维护费用低 。

(4)对沿线服务设施无特殊要求。

(5)不设收费站的互通立交,可根据交通流选择立交形式,而不受收费的限制。

(6)与均一式、开放式相同,混合式为通过一次收费,所以无通行券,并且票据简单,运营成本低。

2)主要缺点

(1)收费存在漏收、少收和多收的情况。

(2)不能兼顾高速公路所有出入口的交通管理。

(3)行驶全程的车辆需停车多次。

以上几种收费制式的特点比较结果,参见表1-1。

三种收费制式的比较 表1-1

项目 \ 制式	均一式	开放式	封闭式
收费效益	高	高	低
营运费用	高	低	最高
建造成本	高	低	最高

续上表

项目＼制式	均一式	开放式	封闭式
管理难度	难	容易	最难
使用者付费	完全	不完全	完全
收费合理	最不合理	不合理	合理
对主线交通影响	入口甚微、出口严重	严重	甚微
兼顾交通管理	较好	无	好
安全性	好	差	较好

三、通行费收费方式

收费方式是指收取过路费中的一系列操作过程，涉及车型的分类、通行券、通行费的计算、付款方式和停车/不停车收费等因素。每种因素又有不同形式，不同的形式组合成不同的收费方式，但它们之间存在着关联和制约作用，选择收费方式就是选择不同形式要素之间的合理组合。

（一）通行券

道路收费通行券是对车辆通行时收费的一种凭证，交费者持有它可完成缴费手续并据此作为报销凭证；而收费者可以计算收费金额，同时据此统计交通流量、流向及车辆类型。在封闭式收费系统中，需要根据车辆类型和行驶里程来收取通行费。因此通行券作为车辆通行信息的传递媒介，记录着车辆进出口地址和时间等信息。

通行券种类较多，一般按信息记录载体分为纸质通行券（印刷票、打印票、条形码）、磁性通行券（磁票、磁卡）、IC 卡通行卡（接触式、非接触式）、车载电子标签等，它们都有各自的优缺点和适应范围。

1. 纸质通行券

纸质通行券为一次性使用的通行券，简称纸券，又分为印刷通行券和打印通行券两种。

印刷通行券常用于高速公路开通初期及人工收费方式。根据用途，券面上印有高速公路名称、入口收费站与站的编号、车辆类型和通行券编号等必需信息。入口发放时，由人工在印刷通行券上盖上当班收费员号码、当班时间，以防止作弊；在出口站驾驶员交回通行券，收费员根据通行券的信息套用收费标准或将通行券的信息输入计算机里进行自动计价，并收取通行费。但这种通行券记录信息有限，许多随机信息（进入时间、收费员号码或车型）全靠人工难于记录，如必须由收费员完成，不仅工作繁琐，而且会大大增加操作时间，降低收费效率。另外，这种通行券上的随机信息记录全由人工完成，难于对道路的使用者和收费员进行监督，漏洞很多，给管理带来极大困难。

打印通行券是指在收费入口将一些随机信息（例如日期、时间、收费员号码、车型、入口站号、入口车道编码）打印在事先印刷好固定信息的通行券上。在出口车道，收费员将通行券上主要信息输入收费终端，终端自动计价并显示费额，同时也将这些处理信息存入收费员终端和收费站计算机内。由于实现了计算机记录、统计，使收费管理水平有所提高，但是打印信息仍然有限，且易涂改和伪造，入口/出口信息全靠人工键入，易出错，效率低，不能充分发挥计算机的作用。

条形码通行券属于打印通行券，它可以方便的实现数据的自动输入，减少了数据录入时间和差错率，提高了工作效率。国内部分高速公路收费系统已采用条形码通行券，后文将对其作详细介绍。

采用纸券通行券方式，从通行券印刷、发放与回收过程的管理，到现金与通行券的当班结算，都必须有一整套的管理制度和一支强有力的稽查管理队伍，必要时还需配备一些仪器设备进行监督，如车辆计数器、闭路电视监视和密闭式票箱等。

由于纸券制作简单，成本低，收费处理简便，不需专用设备读/写信息，收费设备投资很少，运行成本低，因此在高速公路开通初期或较正规收费系统来不及设施以前，也不失为一种临时措施。但从发展角度来看，今后高速公路将进行联网收费，以及使用储值卡和要求各路段拆、分账时，却很难操作。

2. 磁性通行券

磁性通行券分为塑料的（磁卡）、纸质的（磁票）两种。它是在入口处将车型等信息隐秘地记录在通行券上，出口时完全由计算机来完成，因此可防止收费种种弊端。

1）磁票

磁票是一种纸质磁性记录式通行券。磁票背面有一磁条，上面均匀涂敷薄薄一层硬磁性材料，记录需要的各种信息。通过专用读卡机与计算机或计算机网络相连，可将磁票上的数据向计算机输入，磁票也可记录由计算机输出的数据。它为人们提供了一种对数据快速准确的进行存取的介质，是国内外目前广泛使用的一种通行券。磁票的几何尺寸为85.6mm×53.9mm，厚度为0.178mm，磁票的外形如图1-2所示。

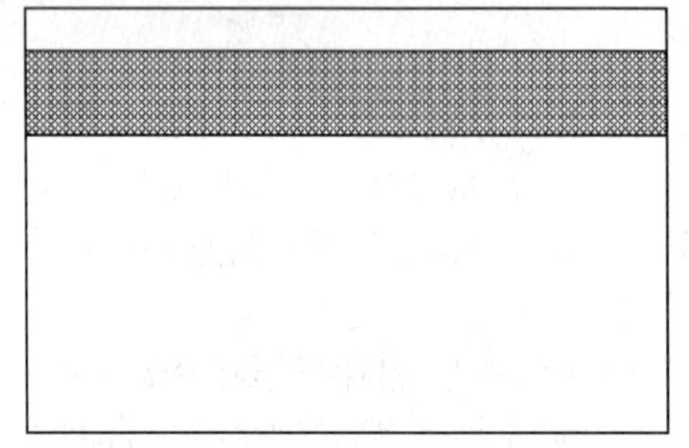

图1-2　磁票外形示意图

磁票上的信息需要专用的读卡/编码机操作，它是收费系统的通用设备，其读/写方式磁票的基本特征和规格都必须满足有关标准。磁条的物理位置和尺寸是读卡机正确读写磁条信息的技术指标。预成型折叠式封装的纸质磁卡以顶边与右边为基准定位边；以条形滚筒封装的纸质通行券需要有定位标记，一般有定位孔或缺口等，定位标记的尺寸按照生产厂家的生产标准。磁票在读卡机内通常是卡式折叠或卷筒式安放，出票前切割成型。

当磁票用于通行券时，磁票上可根据实际需要预先印刷营运公司名称、收费站编号、车型分类标准、收费目的、收费标准、广告等一些不可变更的信息。在入口时，读卡机和打印机相结合（两者做在一起）在磁条上写入日期、时间、入口广场编号、操作车道、收费员编号、车型和若干管理信息，并在磁票上打印车型、站号、月、日、时、分等必要可视信息；车辆驶离高速公路时，读卡机读出记录在磁条上的信息，计算机按车型和行驶里程计算费额并在磁票上打印出口广场编号、日期、时间、车型、币种、路费额等。此外，经当地财政管理部门审核批准，在磁票上打印了车辆使用收费公路信息以及通行费额的磁票可以作为正式发票使用，这样可免除另外打印发票的过程，缩短收费操作的时间。

由于在磁票上打印了使用信息，不可再次使用，故磁票属于一次性通行券。使用磁票的主要优点是：磁票成本低，一次性投资低，不需回收，信息读写容易、准确，操作简单，使用方便，不易伪造，有利于防止人为作弊，人工界面少，大部分操作为设备或计算机处理管理效率高。尤其是有部分信息打印在磁票表面，收费设备出现故障时，收费员可根据票面可视信息继续操作，对异常情况的处理非常方便。但是，磁票只能一次性使用，只适用于现金交易，无法作为储值卡使用。

2）磁卡

在塑料等卡基上涂布或粘贴条状磁面存储媒体用以记录数字数据的卡片称为磁卡。通过专用终端设备与计算机相连，可将磁卡上的数据向计算机输入，磁卡也可记录由计算机输出的数据，磁卡作为收费系统的通行卡可以重复使用。

目前世界上应用最广的磁卡标准尺寸是：长85.47～85.72mm，宽53.92～54.02mm，厚0.68～0.80mm。卡基多用塑料制成，卡片上方有宽约5mm的磁条供记录数据用。在磁卡磁条区以外的部分，可根据需要和用途印上有关的文字和图形，其中有的字符可兼有光学识别作用，以增加验证磁条信息读写的可靠性。图1-3给出了磁卡的外形。

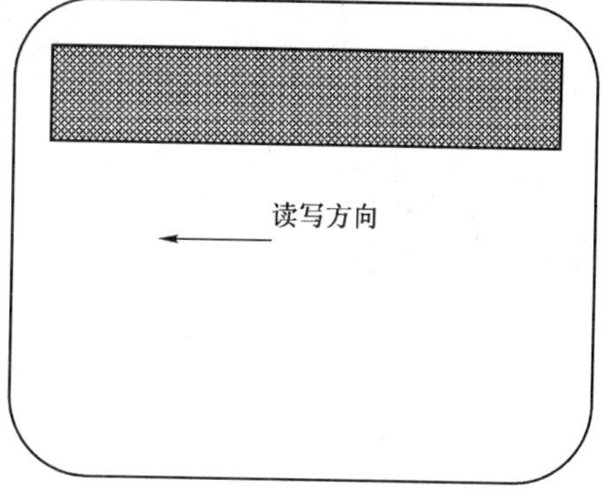

图1-3　磁卡外形示意图

磁卡上的磁条有三个磁道，磁道性质如表1-2所示。对用户来说，第一、二磁道只可读，不能重写，主要用于标识。在卡的生命周期内，这两个磁道的信息一直保持不变。第三磁道可读可写，用于记录随时要变更的内容，记录最大字符数为107个。磁道的使用方式按照信息的读写要求，可使用1条、2条或3条磁道。磁卡以顶边与右边为定位边，磁条中心线与卡片上侧基准边缘线之间需严格保持平行，以保证读写数据的可靠性。

磁道状态　　表1-2

磁　道	读写状态	位密度	字符数
ISO1	只读	210	79
ISO2	只读	75	40
ISO3	读写	210	107

厂家生产的原始磁卡（俗称白卡），必须由管理中心的中央编码机按照规定编制信息格式，并为每张磁卡编上全线唯一的、只读不可改写的磁卡编号。由于高速公路磁卡需反复使用多次，磁卡需配备各种类型，以满足不同的收费方式。

塑质磁卡的质地结实，磁条可读写数千次，故磁卡适用于需要反复使用的收费方式。通行卡每次使用后收回重复使用，其余各类磁卡由用户持有，反复使用数年。因此，磁卡通行卡的一次性投资成本高，运行成本低，相对不易伪造，管理效率高，但增加了管理工作量（因卡需收回），需跟踪通行卡的流动情况。此外，由于磁卡的所有信息都被编写在磁条上，平时无可视性，通行卡易被人为破坏，收费系统需要为用户配备打印机。当出现设备故障、磁卡损坏、电源停电时，必须有一套切实可行的应急措施来处理异常事件的发生。

磁性类通行券其本身还有些不足处，如塑料磁卡经过重复使用后，易使磁卡和磁头污染或磨损，导致读数不准，甚至无法取得数据，同时它易受磁的干扰，导致其记录信息变化或消失。而纸质磁性券是一次性使用，虽可避免塑料磁卡的不足，但也有运营成本高，以及对磁头及传动机构系统维护费用高的缺点。

3. IC卡通行卡

IC卡即集成电路卡（Integrated Circuit card），又称智能卡，它是一种随半导体技术的发展应运而生的，具有微处理器和大容量存储器等的集成电路芯片，嵌装于塑料等基片上制成的卡片。分为接触式和非接触式两种。

1）接触式 IC 卡

接触式 IC 卡的外形与普通磁卡做成的信用卡十分相似，只是略厚一些，具体为：(85.47 ~ 85.72) mm × (53.92 ~ 54.03) mm，厚(0.76 ± 0.08)mm（ISO 7816 标准）。卡上可以印有彩色相片、图案及说明性文字等信息，对安全性要求较高的接触式 IC 卡，在其表面上印有个人签名、全息图像及类似纸币上的回纹等安全标识信息。在接触式 IC 卡的左上角封装有接触式 IC 卡芯片，其上覆盖有 6 个或 8 个触点以便和外部设备进行通信，如图 1-4 所示。

图 1-4　接触式 IC 卡外形图

接触式 IC 卡由于采用了先进的半导体技术和信息安全技术，相对于其他种类的卡，具有以下特点：

(1) 存储容量大：其内部有 ROM、RAM、EEPROM 等存储器，存储容量可以从几个字节到几兆字节。

(2) 体积小、质量小、抗干扰能力强，便于携带，易于使用。

(3) 安全性高：接触式 IC 卡从硬件和软件等几个方面实施其安全策略，可以控制卡内不同区域的存取特性。存储器本身具有安全密码，如试图非法对之进行数据存取则卡片自毁，即不可进行读写。

(4) 对网络要求不高：接触式 IC 卡的安全可靠性使其在应用中对计算机网络的实时性、敏感性要求降低，有利于在网络质量不高的环境中应用。

与磁卡相比，接触式 IC 卡在安全性、存储容量、一卡多用和非网络环境应用等方面均显示出明显的优势，但也存在以下问题：

(1) 由于接触式 IC 卡的集成芯片 8 个触点暴露在外，易于沾污，产生接触不良，在使用过程中造成不便。

(2) 由于接触式 IC 卡为接触读写，当粗暴插卡、非卡物插入和尘污严重时，易使读写器损坏或发生读写错误。在干燥气候环境中，外露芯片管脚在插卡中也有可能由于静电烧毁，造成卡的报废。

(3) 接触式 IC 卡在读写时，卡与卡座的配合是有方向性的，并且为了保证良好的接触，卡座狭小，不适于运动中执卡人使用（如公共汽车验票、高速公路收费等）。

2）非接触式 IC 卡

非接触式 IC 卡又称射频卡，它成功的将射频 RF 识别技术和 IC 技术结合起来，解决了无线传输能量（卡中无电池）与无线读写（卡与读写器免接触）这一难题，是电子器件领域的一大突破。非接触式 IC 卡的读写操作只需将卡片放在读写器附近一定的距离之内（10cm 内）就能实现数据交换，无需任何接触，使用非常方便。

(1) 组成和结构

非接触式 IC 卡的电气部分只由一个天线和 ASIC 组成。卡片的天线是只有几组绕线的线圈，很适于封装到卡片中，如图 1-5 所示。将天线和 ASIC 集成在一起，然后封装到尺寸为 85.6mm × 54mm × 0.8mm（长 × 宽 × 厚）的 PVC 塑料基片中，无外露部分。

片中的 ASIC 由一个高速（106kB 波特率）的 RF 接口，一个控制单元和一定容量的 EEPROM 组成，见图 1-6。RF 接口的主要功能是用射频和读写器进行通信联系和相互验证；控制单元的主要功能是控制运算和读写;EEPROM 用于存放经常变更的数据。

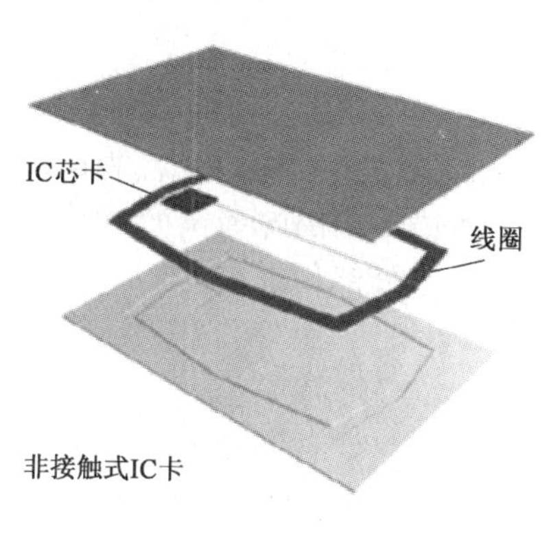

图 1-5 非接触式 IC 卡外形图

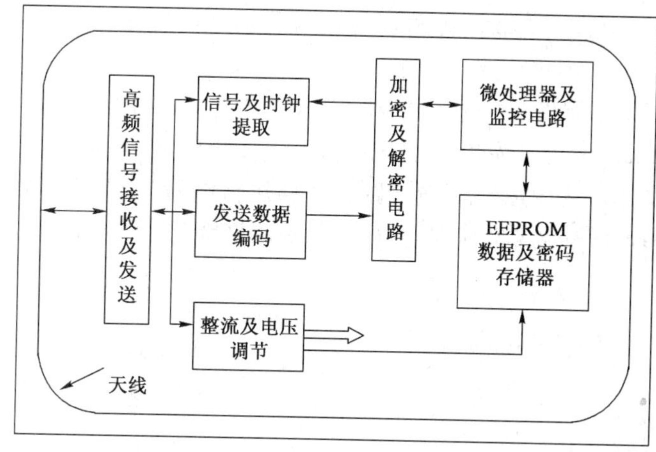

图 1-6 非接触式 IC 卡内部结构示意图

(2)非接触式 IC 卡的读写原理

非接触式 IC 卡的读写是依靠专用的读写器来完成的。读写器工作时,不断向外发出一组固定频率的电磁波(13.6MHz),当有卡靠近时(卡片内有一个 LC 串联谐振电路,其频率与读写器的发射频率相同),在电磁波的激励下,LC 谐振电路产生共振,从而使电容充电有了电荷;在电容另一端,接有一个单向导电的电子泵,将电容内的电荷送到另一个电容内存储,当电容器充电达到 2V 时,此电容就作为电源为卡片上的其他电路提供工作电压,将卡内数据发射出去或接收读写器发出的数据并保存。

非接触式 IC 卡与读写器的通信过程如下:

①复位应答(Answer to Request)

非接触 IC 卡的通信协议和通信波特率是定义好的,当有卡片进入读写器的操作范围时,读写器以特定的协议与它通信,从而确定该卡是否为 M1 射频卡,即验证卡片的卡型。

②防冲突机制 (Anticollision Loop)

当有多张卡进入读写器操作范围时,防冲突机制会从其中选择一张进行操作,未选中的则处于空闲模式等待下一次选卡,该过程会返回被选卡的序列号。

③选择卡片(Select Tag)

选择被选中的卡的序列号,并同时返回卡的容量代码。

④三次互相确认(3 Pass Authentication)

选定要处理的卡片之后,读写器就确定要访问的扇区号,并对该扇区密码进行密码校验,在三次相互认证之后,就可以通过加密流进行通信(在选择另一扇区时,则必须进行另一扇区密码校验。)

⑤对数据块的操作

读(Read):读一个块;

写(Write):写一个块;

加(Increment):对数值块进行加值;

减(Decrement):对数值块进行减值;

存储(Restore):将块中的内容存到数据寄存器中;

传输(Transfer):将数据寄存器中的内容写入块中;

中止(Halt):将卡置于暂停工作状态。

图1-7为非接触式IC卡与读写器通信过程示意图。

(3)性能指标

目前我国引进的射频IC卡主要有PHILIPS公司的Mifare和ATMEL公司的Temic卡。Mifare卡容量为8Kb,数据保存期为10年,可改写10万次,读无限次,卡中不带电源,自带天线,内含加密控制逻辑电路和通信逻辑电路,卡与读写器之间的通信采用国际通用的DES和RES保密交叉算法,具有极高的保密性能。下面列出Mifare卡的主要性能指标:

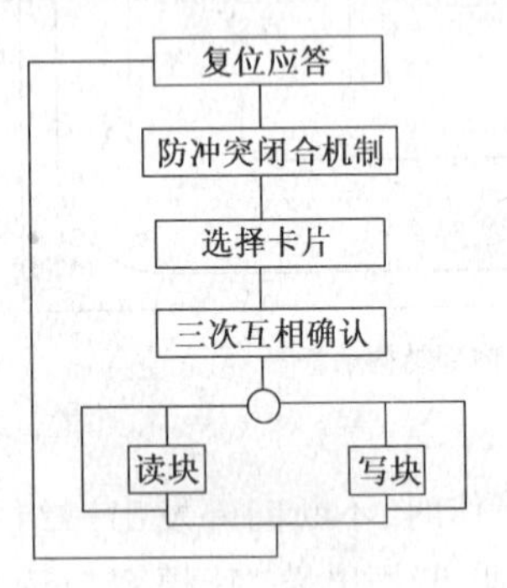

图1-7 非接触卡与读写器的通信过程示意图

①工作频率:13.56HMz;

②通信速率:106Kb/s;

③读写距离:150mm内;

④识别一张卡:8ms;

⑤读一个块:2.5ms;

⑥写一个块+读控制:12ms

⑦典型交易过程:100ms。

(4)非接触式IC卡的优点

非接触式IC卡与磁卡及接触式IC卡相比较,具有以下优点:

①可靠性高。非接触式IC卡与读写器之间无机械接触,避免了由于接触读写而产生的各种故障。此外,非接触式卡表面无裸露的芯片,无须担心芯片脱落、静电击穿、弯曲损坏等问题,既便于卡片的印刷,又提高了卡片的使用可靠性。

②操作方便。由于非接触通信,读写器在15cm范围内就可以对卡片操作,所以不必插拔卡,非常方便用户使用。非接触式卡使用时没有方向性,卡片可以任意方向掠过读写器表面,即可完成操作,这大大提高了每次使用的速度。

③防冲突。非接触式卡中有快速防冲突机制,能防止卡片之间出现数据干扰。因此,读写器可以"同时"处理多张非接触式IC卡。这提高了应用的并行性,无形中提高了系统工作速度。

④适合多种用途。非接触式卡的存储结构特点使它能一卡多用,便于应用于不同的系统,用户可根据不同的应用设定不同的密码和访问条件。

⑤加密性能好。非接触式卡的序列号是唯一的,制造厂家在产品出厂前已将此序列号固化,不可再更改。非接触式卡与读写器之间采用双向验证机制,即读写器验证IC卡的合法性,同时IC卡也验证读写器的合法性。非接触式卡在处理前要与读写器进行三次相互认证,而且在通信过程中所有的数据都加密。此外,卡中各个扇区都有自己的操作密码的访问条件。

非接触式IC卡同磁卡一样,在道路收费系统中可用于通行卡、预付卡、系统卡和记账卡等,但也同磁卡一样,须有一套完善的IC卡管理系统,跟踪通行卡流动的情况。由于目前非接触式IC卡成本较高(目前为15元/张左右),使用IC卡后,其卡流失问题往往使管理者倍感头疼。而以往在使用纸券或其他低值通行券时,因其成本较低,通行券的流失情况常常不会引起管理者的足够重视。因此,一个较为完善的IC卡收费系统关键在于对在系统中流动的通行券IC卡的严格管理,这也是回收式通行券收费系统的难点所在。

综上所述,IC卡属于电子元件产品,其存储容量大可重复使用约10万次,效率快、精度高、安全保密性强，体积小、易携带，具有防磁 、防水、防污、防静电多种功能，但其设备需要一定投入，虽然其本身卡的成本较高，但因使用次数多还是合算的。此外，接触式 IC 卡的读写设备易被污染和磨损，故维修费高；非接触式 IC 卡可避免机械接触和磨损，且操作简便、防尘性能好，目前国外已广泛应用于高速公路收费，国内也在陆续推广，可以说是一种有发展潜力的通行券。

4.条形码通行券

条形码是由条形码符号及相应的字符组成的标记，是一种光电扫描识读设备自动识读并实现信息自动输入计算机的图形标识符。直观地讲，条码是一组按一定编码规则排列的条、空符号组成的图案，当条形码阅读器从条形码上划过时，根据光的反射原理和光电转换原理，条和空的宽度就被译码器译出，从而轮换为计算机可读的数据，实现数据的快速自动录入。由于条形码所包含的信息可以一次性解码读出，这一特点使它能够提供准确及时的信息来支持相应的管理系统。应用条码技术能大大提高准确性和工作效率，节省开支并改进业务操作。

迄今为止，条码是国内外应用最广泛、最经济实用的一种自动识别技术。常见的多为一维条码，如商品条码。一维条码虽然具有可靠性高、实现了实时快速数据采集和标准统一等显著特点，但其信息容量较小，一般只有几十个字节，其信息仅仅记录了某个物品的编号，至于此编号代表的内容却需要查询数据库才能确定，因此，其应用具有局限性。

为了适应应用的需求，二维条码应运而生。常见的二维条码有 PDF417 码、Code49 码、Data Matrix 码、MaxiCode 码、QR 码等。二维条码信息容量大，信息密度高，编码能力强，可以对文字、照片、指纹、掌纹、声音、签名等信息进行编码，并且它容易印制，成本低廉，纠错能力强，译码可靠性高。

利用二维条码自动识别技术，完全可以实现车辆信息的编码记录和自动扫描识读，因此，二维条形码可以用作通行券，完成高速公路收费的全过程。具体方案为：入口时，在通行券上打印入口站名称、车型、驶入日期、时间、收费员代号等明文信息，同时将信息进行编码、加密，用二维条码记录票面的全部信息，交付驾驶员作为凭证；出口时驾驶员将通行券交给收费员，由条码识读仪识读条码信息，自动计算票价，并将信息加以显示，同时打印出通行费收据。

使用一次性纸质条形码通行券取代管理复杂、价格昂贵的 IC 卡，可以降低系统投资和运营成本，提高工作效率和管理水平。其主要特点如下：

(1)自动化程度高。二维条码可以实现自动打印、自动识读，整个过程由计算机进行实时控制。

(2)数据安全性强。二维条码存储量大(可达 1KB)，可实现信息冗余存储，可以进行几级纠错编码以及加密功能，使信息的安全性(防伪，防破坏)得到很好的保证。

(3)可靠性高。由于可携带两种形式的信息，在无法完成自动识别时，可通过人工识读明文信息完成收费。

(4)适应性强。可适应分段建设时有系统路段和无系统路段的混合性收费。

(5)管理简单。由于通行券一次性使用后即作废，所以没有重复性使用通行卡的跟踪管理问题，系统比较简单，对软硬件要求低。

二维条码通行券与非接触式 IC 卡相比，其主要不足是条码通行券相对比 IC 卡容易损坏，打印、识别设备使用寿命不如射频设备使用寿命长，不如射频设备可靠性高等。但是因一次性投入及营运成本相对较低，因此，其用于高速公路车辆通行券也具有一定的竞争力。

5. 电子标签

电子标签是一种安装在车辆上的无线通信设备，可允许车辆在高速行驶状态下与路旁的读写设备进行双向通信。它装有微处理器芯片和接收发天线，在高速行驶中(可达250km/h)与相距8～15m远的读写器进行微波或红外线通信。它以读/写方式验证电子标签的有效性，可写入或读出电子标签中的数据，可同时处理多张电子标签。现设计有只读型、读/写型和带有IC卡接口的读/写型等三种不同形式。

电子标签具有身份证明、通行券或兼用代替现金付账等功能，其体积很小，如同一张标签贴在汽车前挡风玻璃上，用于开放式或封闭式不停车收费。当用户在设有不停车收费系统的公路上行驶时，无须停车，可高速通过收费站，收费系统设备自动完成通行费征收，极大的提高了收费站的通行能力，减少了污染，节约了能源，避免了收费贪污等问题。有关电子标签的内容将在不停车收费系统一节中详细介绍。

(二)通行费付款方式

支付通行费是影响收费车道通过能力的一种重要因素，同时也是决定收费系统结构和功能的一种重要影响因素。目前支付通行费的付款方式有：现金、预付款、后付款、银行转账等多种方式。

1. 现金

现金支付路费是最常用的一种支付手段。当车辆经过收费站时需要将车停在收费亭前，将现金交给收费员，收费员找零并给收据或发票。收费员下班后需进行当班结算，由财务人员核查现金与收费过程记录数据是否一致。收费道路营运部门(或银行派押款车)每天需将现款押解至银行结账。整个资金流动均为现金。

现金支付方式的特点是操作简单，收费车道配备的设备少，建设周期短；对临时使用的用户，如长途运输的外省车辆缴费方便。从实际情况来看，将来即便是高度自动化收费系统普遍使用后，现金支付仍会占有一定的比例。

现金支付的最大缺点是需各收费亭备足大量零钱以提供交易所需，付现找零延长了服务时间，降低了车道通行能力，它是引起收费站车辆排队、交通拥挤的主要因素。大量的小数额现金给清点、核查带来繁杂的工作，为此还需配备大量的人员。现金交易容易造成费额人为流失，给资金管理带来困难。

2. 预付卡

预付卡在使用之前，用户需在收费公路公司支付一定数量的金额，公司管理部门发给用户一张含有该值的预付卡(一般卡为非接触式IC卡或电子标签)，可挂失但无利息。持有者的车辆经过收费站不必缴纳金，只需从预付卡中扣除路费。该付款方式的优点是收费部门在卡卖出时就可得到资金，也就能使用那部分资金，而且大大缩短了付款时间，提高了收费车道的通过能力；更为突出的是完全可以省去收纳现金的操作，可减少人为贪污作弊的可能性；大量的现金交易放在后台，免除了汇总、结账、押钞以及零散资金的积压，提高了管理效率。

预付卡付费可以脱线进行，不必为核算占用的通信线路，付款交易不需任何外部审核就可以进行。唯一需要检验的是卡是否有效和是否有足够的金额进行交易，而这两个检验过程都可由读卡机本身完成，减少了交易时间。

从用户角度来看，预付卡方式能方便用户付费，节约了付款时间，免除了带现金的麻烦，提高了资金使用的安全性，但需预交资金(占用资金)，需花时间去办理有关手续。所以，在采用预付卡方式的收费公司,用户必须能快速方便的交纳预付金、办理有关手续以及查账,应能给这些用户的通行费打折,尽量减少或避免他们在收费站的延误,最好能一票或一卡在多个收费道路公司使用。目前我国已经有了较多的城市收费道路,预付卡将是我国收费道路中长期应用的一种主要的付款方式。

3. 银行转账

用户在高速公路公司指定的银行建立专用账号,存储一定金额的预付款,经资格审核后申请储值卡。车辆通过收费区域,收费系统自动读取储值卡上的车辆信息,上传至收费管理中心,经确认后发送用户账单给银行,由银行账号将路费从用户专用账户扣除,统一转账至收费公司账户下。现金交易只出现在用户向银行申请购买储值卡的环节上,资金流动的整个过程基本上是电子数据处理,尤其是收费现场无现金交易界面,避免了路费在流动过程中的各种漏洞。

借助银行参与道路收费处理过程,一方面可充分利用银行现有的电子处理系统和业务服务网点,减轻了收费管理中心大批数据处理的负荷和售卡点的建设,减少收费系统的基础设施投资;另一方面,高速公路公司可将征收的路费纳入公共事业服务网,通过银行实现一个账号多种服务,扩大用户范围。银行还可允许少量善意透支,方便用户资金周转,同时也减轻了高速公路管理公司因用户逃费、滞纳所承担的财务风险。这种支付方式非常适用于半自动、全自动收费系统。它具有较强的监督功能和财务审计界面,对用户、银行、高速公路管理公司以及政府主管部门四方面都有较强的透明度。

4. 后付款

收费公路公司对长期或定期用户可采用一种先使用,后付款的优惠方式,如对长途汽车公司、公共汽车公司和其他一些信誉良好的长期用户等可使用此种方式,这样会吸引交通量,而且增加了收费收入。用户与高速公路管理公司签订先使用,后付款的长期协议,领取记账卡。计费方式可按固定线路收取固定费额,也可根据实际里程征收路费。

用户持有记账卡,在收费站收费处将记账卡交收费员验证或收费设备直接自动验证,由收费设备或人工将车辆行驶信息记录在记账卡上和收费站的计算机内,用户定期(一般为每月)到收费公路公司按记账卡记录的信息,或根据收费管理中心数据库结算总通行费。

后付款方式对高速公路和营运单位双方都有利:高速公路免除了收费车道现场直接货币交易,减少收费服务时间,提高收费车道的通过率,同时保证了一批稳定的用户;营运单位免去了驾驶员随身携带现金、凭发票财务结算的繁杂手续;驾驶员持记账卡可以使用高速公路的快速通道,缩短了行车时间;在经营上,后付款实际上是一种优惠办法,方便了用户的资金周转。采用此方式在收费系统设计中,收费设备和收费管理中心要充分考虑到应具有灵活方便的操作功能和数据统计功能,在管理上也要采取相应的针对性措施。

5. 免费

免费可视为一种不缴费的特殊付款方式。在免费车辆处理中有两种形式:无卡免费和有卡免费。高速公路管理公司对国家及地方性法律文件规定的免费车辆,发放免费证件,如特许卡。免费车经过收费站时,驾驶员应交验免费证件并按收费操作处理。无卡的免费车辆,如军车、警车等必须停车验明国家颁发的有关证件。只有对执行紧急任务并配有特殊装置的医疗救护、消防、救援等车辆,以及特别车队可以不停车使用快速车道。无卡免费车的放行必须经过收费站监控人员的确认,并记录在案(录像或图像数字化后存入计算机内),以备核查。

6. 冲卡

冲卡是一种逃避交费、强行通过收费车道的违法行为。对于冲卡车辆,其路费征收需要事后通过执法部门发出罚款单,车主到指定的银行交纳罚金处理。

造成冲卡的原因有:驾驶员强行通过;收费员有意放行;收费设备功能缺陷。对此,应采取有效的措施,力求减少对高速公路经营的经济损失。冲卡车辆与免费车辆同是无路费收入车辆,但免费车辆存在完整的收费处理过程;而冲卡车辆是不完整的、被强制中断的处理过程。两者都应作为收费系统的特殊管理项目专门处理。

(三)收费方式

随着科技的进步,收费技术和收费设施的不断发展,收费方式多种多样。一般来说,根据收费员参与收费过程的多少,收费方式可分为人工收费、半自动收费和全自动收费方式;从用户(驾驶员)的角度来分,可分为停车和不停车收费方式。

1. 人工收费方式

人工收费方式指收费过程全部由人工完成的方式,即人工判车型,人工套用收费标准,人工收钱、找零、给发票或人工收取次数票。该方式需要有较多的收费人员参与单调烦琐的程序,采用人监督人的方式。

在开放式(或均一式)收费系统中,一般来讲,人工收费方式的过程是:车辆进入收费站入口时,收费员目测车辆类型后,按规定的费率确定应收的金额,驾驶员将应缴的费用交给收费员,在收费员完成找零后,发给驾驶员一张印好的收据,上面记载着时间、地点、收费金额等信息,以便以后查询,然后放行。

在封闭式收费系统中,入口处由收费员判车型,发放印有入口信息的通行券(在发放前已事先印刷好),在出口处,驾驶员将通行券交给收费员,收费员再次判断车型,根据所行驶的里程和费率收取通行费,给发票,然后放行。在封闭式中,因为采取了入口发券,出口收费,入、出口票据核对的方式,因而利用一些管理措施可防止收费中的少数原始作弊现象。

人工收费方式的特点是除基本的土建费以外,它不需要任何收费设施,也无任何管理设备,投资较少,造价低,可迅速建成实施收费,在处理异常情况时有很大的灵活性,但也容易产生误差和作弊行为。由于收费全过程为人工处理,不仅大大增加了收费人员的编制和工作量,而且增加了车辆在收费车道上的延误,影响交通畅通。另外,在车辆行驶里程计算和车型分类上难免会出现差错,造成争吵和漏收,也很难防止作弊现象的发生。这不但给收费管理工作带来很大麻烦,而且也会造成收费收入的巨大损失。因此,如何防止漏收、闯口和作弊贪污现象的发生,已成为人工收费管理工作一大突出难题。

对于开通初期交通量不大的高速公路,通过对收费人员加强教育和规范财务制度,采用人工收费方式作为过渡时期的收费方式是可行的,但随着收费人员的业务日益熟悉,人工收费方式的漏洞就很容易被利用。强化监督管理往往会对收费人员造成人格的伤害,所以在收费公路开通后,应尽快采取措施取代人工收费方式。

2. 半自动收费方式

半自动收费方式是指收费过程由机器和人共同完成的收费方式,它通过使用计算机、电子收费设备、交通控制和显示设施代替部分人工收费方式操作的一部分工作。这种方式的特点是使用一些设备代替人工操作,降低了收费员的劳动强度,将人工审计核算、人工财务统计报表转变为计算机数据管理,极大地减轻了收费管理人员的劳动强度,使收费公路的收费管理系统化和科学化;通行费流失会有所减少,漏洞会得到一定程度的控制,但投资要大一些,造价要高一些。目前我国的收费站,绝大部分使用此种收费方式。

我国普遍采用的半自动收费方式为人工判别车型、人工收费、计算机统计、车辆检测器计数(车辆数)、自动栏杆、电视监控。在收费站监控室,监控员可以监视收费人员的工作和车辆通行情况,并进行录像。录像机可以采用24h连续工作方式或由监控人员根据需要采用人工控制方式。其中电视监控部分主要用于防止收费员在车型、免费车辆上作弊及驾驶员冲卡不缴费的情形发生。

封闭式半自动收费系统采用入口发放通行券(卡)、出口收费找零出据的方式,其入口和出口收费业务流程如图1-8所示。对于自动栏杆的开启,必须是当收费员正确完成收费流程后,收费车道控制机才能控制自动栏杆放行。而与栏杆配套设置在车道上的车辆检测器(设在栏杆所处位置)检测车辆通过后,自动栏杆复位,并将记数脉冲记入车道控制机内。若收费员不按正常流程操作,自动栏杆无法升起放行,这样可以防止收费员不收费和不读卡的现象。对于强行冲卡和免费车辆,车道摄像机自动抓拍车辆牌照,用于事后追缴路费、罚款和稽查的依据。

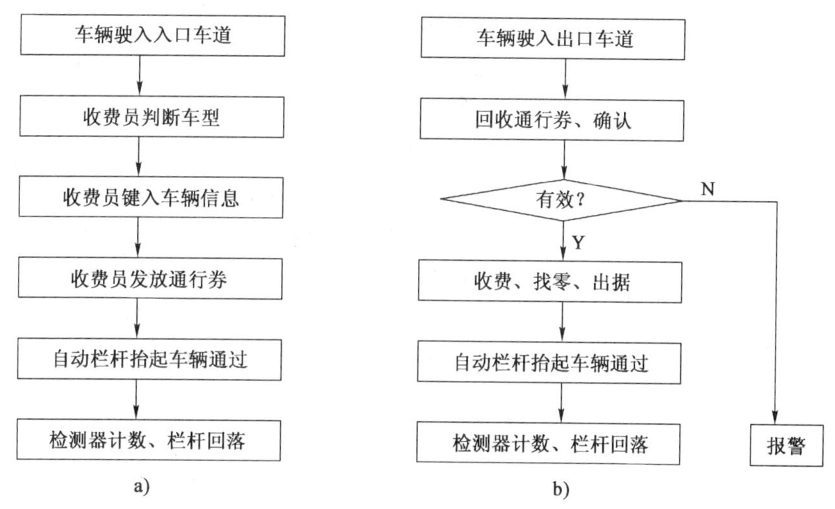

图1-8 封闭式收费流程图

a)入口基本流程;b)出口基本流程

由于采用了计算机和电视监控等自动化辅助收费和管理设备,这种方式与人工收费系统相比在观念上产生了一个飞跃,在实际上也产生了相当良好的效果。对于收费员的舞弊行为和驾驶员的冲卡行为,自动化设备的采用,至少在初期可以产生相当大的威慑作用,收费额会有相当大的增加。同时,由于计算机记录了每辆车的数据,因此可自动统计交通流数据,其统计数据的可靠性比人工统计有很大的提高。

但是,这种方式需人工判别车型,实施电视监控(图像监视)仍需要监控员不间断地注视监视屏才能发挥作用。一旦威慑心理消失,收费员舞弊的可能性仍然存在。因此杜绝舞弊的基础是建立在监控员一丝不苟的工作态度上。但事实上,要求监视者连续几个小时监视屏幕,而且还要兼顾几个或十几个以上屏幕而不发生疏忽,仅就人的生理特性而言也是不成立的。同时,希望通过审查24h录像来发现漏洞也是很困难的,检查效果较差。

为了能从根本上解决这种收费方式的缺陷,可采用自动车型分类(AVC)设备代替或监督人工判车型。当人工判型与AVC设备判型不一致时,收费监视系统自动记录下收费车辆并报警,监控室监控员可进行实时或事后处理。对免费车辆或冲卡车辆以及其他异常情况,也可自动录像。这样任何可能的舞弊与冲卡行为都有完整的记录,且录像带的长度不会很长,审查录像带的工作效率高、有针对性。

3. 全自动收费方式

全自动收费是指收取通行费的全过程均由收费系统自动完成，操作人员不需直接介入，只需对设备进行管理监督及处理特别事件。全自动收费方式一般指不停车收费方式，也称电子收费方式（Electronic Toll Collection，ETC），它利用电子、计算机与通信技术，完成收费、统计和监控工作，使驾驶员不需停车就可以缴纳通行费。

全自动不停车收费方式可分为单向式不停车收费方式和双向式不停车收费方式两类。单向式不停车收费方式的基本原理是：在车上安装一个车载电子标签（车载卡）（只读），当车辆通过收费站时，车载卡发射出信号，收费站接收装置读取车载卡中的信息并进行记录，然后将每一收费站点的资料回传给收费中心计算机，进行资料更新、登记等统计工作。在一段时期内，打印出每辆车使用次数与总费用，通知驾驶员缴费或从预交金中扣除。作为对这种方式的改进，双向式不停车收费方式不但能无线读出车载卡（可读写）的信息，而且可无线写入信息到车载卡中，使管理上更为可行。当然，使用车载卡的优越性主要在长期用户身上，因此更为可行的收费方式应该是建立一种混合收费方式。对于长期用户，采用车载卡，使用专用不停车收费车道；对过路客或很少使用收费道路者，则使用其他类型的收费方式。

不停车、无人操作和无现金交易是电子收费系统的三个主要特点，它适合于开放式和封闭式两种收费制式，避免了现有半自动收费过程中的弊端。由于不需要停车等候，当交通量较大时，不会产生收费站前的车辆排队等候现象，减少了车辆延误；由于无需人工参与和无现金交易，可完全避免收费过程中的舞弊和贪污现象，同时也能解决由于交通堵塞而引起的能源消耗和环境污染等问题。电子收费系统在国外被广泛应用于开放式收费站，国内目前部分省市的高速公路已有实施。电子收费系统代表当今最先进的收费技术，也是未来发展的方向，有着广阔的发展前景。

4. 三种收费方式的比较

各种收费方式都有自己的特点和应用范围，下面从其缴费等候延误、征费率、投资成本、作业成本和实施难度等五个方面进行比较。

（1）缴费等候延误

缴费等候延误是车辆进站减速、排队等候、缴费和驶离收费车道达到允许最高车速所需时间之和。其中办理缴费的时间主要由设备处理时间、人工操作设备时间和缴付通行费时间三个部分组成，因而在同样的付款方式下，人工收费方式造成的驾驶员等候延误比半自动收费方式要大。如果采用非接触 IC 卡为通行券或采用刷卡付费，减少收费找零，则可在极短的时间内完成交易，大大减少了办理收费的时间，因而此种收费方式的缴费延误比人工方式减少许多。不停车收费方式可允许车辆以某一速度（可无需减速）通过收费站，因此不会产生等候延误。

（2）征费率

收费系统的主要目标是将应该征收的费额全部收回。事实上由于存在差错和费额的人为流失，征收率很难达到 100% 。差错表现为设备执行错误和人为的操作差错；人介入收费过程会使某些环节存在作弊的可能性。一般而言，可靠度高、精度高的设备的出错率比人工操作要低。收费系统防作弊的功能应为：第一，减少或删除收费过程的人工操作过程；第二，将影响收费金额的操作全部记录在案，以备事后检查；第三，采用非现金付款方式或减少采用现金付款的车辆数。

半自动收费方式可部分满足第一个和第三个要求，可全部满足第二个要求，因此征费率比人工方式高出许多。不停车收费方式完全无人参与，不采用现金付款方式，设备出错率低，因此征费率最高。

(3)投资成本

投资成本是指收费站必要设施与管理设施的设置成本。人工收费除基本的土建费用外，不需任何机器设备，因此投资最低；半自动收费方式除需人工收费方式的土建之外，还需投资机器设备，因此投资成本高；而不停车收费方式，尽管收费设备单价很高，但因收费效率很高，所需设备数量和收费站占地面积比半自动收费方式所需要少，因而可能投资成本并不一定很高。

(4)作业成本

作业成本是指收费系统每年必须支付给收费人员与管理人员的各种开支（如工资、福利、培训、住房等）以及收费业务与收费设施维护所需费用等。人工收费方式作业成本主要为人事费用，而此种成本可能会因采用一些机器设备代替部分人工收费，因收费人员数量降低，可望减少。但半自动收费方式需增加设备维护费和材料消耗开支等，特别是像使用磁票为通行券的现金付款方式这类收费方式，其作业成本可能比人工收费方式高出许多。不停车收费方式可做到几乎无人直接参与，而所采用的设备都是无接触读写设备和测量设备，可靠性和精度都很高，其作业成本主要为设备维修费用，应该可维持低作业成本水平。

(5)实施难度

人工收费方式的缴费程序对收费员或驾驶员均简单明了，若发生异常情况，例如缴费额不足、违章车辆（冲卡）或钱币真伪辨别等，收费员可迅速反应，因此实施难度最低。半自动收费方式在缴费过程中需驾驶员了解整个程序并完全配合，收费员必须按规定程序进行工作，如发生设备故障，通行券损坏时较难即时处理。全自动收费方式在实施初期会发生部分车辆未装车载电子标签而驶入电子收费车道的问题，给收费管理带来较多困难，因此，初期实施难度较大。

第二节　认识收费系统框架

一、收费系统总体框架

(一)收费系统的目标

由于人工收费方式存在少收、漏收、闯口（或闯关、冲关）等现象，不利于高速公路的营运管理，现在的各条高速公路的营运者都在考虑采用更为有效的计算机收费系统。一般来说，高速公路计算机收费系统的主要目标是：

(1)根据车型和行驶里程进行收费，尽量做到收费公平合理。

(2)最大限度地杜绝少收、漏收和营私舞弊行为，保证高速公路的营运取得最大的经济效益和社会效益。

(3)减少出入口的收费手续，提高收费的工作效率，尽量降低由于收费过程引起的交通延误，提高高速公路的通行能力。

(4)与交通监测系统配合，提供交通流量数据，帮助实现线路堵塞情况下的匝道控制与调节。

(5)对收费金额、票据、车型等信息统计完整、准确,并能帮助进行财务分析和预测,实现智能化的财务管理。

(6)能保证与监控系统、通信系统的一致性,实现高速公路的现代化营运管理。

(7)为智能运输系统的实现留有一定的接口。

(二)收费系统的功能

基于上述目标,收费系统应具有以下功能:

(1)实行计算机管理,尽量减少人为的干预,保证车型判别、费额计算准确;在人工判车型时,有辅助手段对判型结果进行监督。

(2)出入口车道的栏杆与车辆检测器配合,准确统计通过车辆的数目,并有效防止冲关现象的发生。

(3)具备对讲监听和图像监控功能,实现对收费过程的实时监控。

(4)各种原始数据采集准确、完备,并能迅速向上传输,数据的安全性、可靠性高,原始数据不因意外断电等事故造成损失。

(5)系统能自动巡检设备运行状态是否正常,能准确、及时地给出故障信息和故障排除信息。

(6)对紧急车、免费车、冲关车等特殊车辆,应能迅速做出反应和准确处理,并自动保留车牌档案,应设置监控计算机以实现这些功能。

(7)系统必须是全天候的、实时的,例如收费车道应在任何有车辆通过时正常使用。

(8)具有一定的报警功能,如遇抢劫时的远程报警,遇车冲关或进出口收费员判型不一致时报警等。

(三)收费系统的基本构成

高速公路收费系统是一个分层次管理的系统。根据我国高速公路管理的具体情况,收费系统管理一般划分为三个层次。

第一级:各收费站进出口车道的收费管理。这一级主要是由收费员在各车道进行车辆的进出口收费操作,驾驶员用现金或电子货币交费。一次操作结束后,将处理的数据实时地存入网络服务器。这一级还可以控制或启用本车道的安全灯、交通信号灯、自动栏杆及报警系统。

第二级:独立的收费站数据处理。能实时监控该站各车道车辆出入情况,打印各种统计报表,核对金额,并负责当天的销票处理,同时也定时向上级管理处发送当天的有关数据。各收费站是相对独立的,收费站之间并无频繁的数据交换,因此,可以在每个收费站建立一个独立的局域网络系统。

第三级:收费中心的数据处理。负责全线各站(或所属区域内各收费站)的统一管理,定时接收各收费站发送来的数据,并进行统计,打印各类统计报表。

在收费站数量多且地理位置分散时,往往需要设几个分中心进行管理,几个分中心之上再设总中心做总的协调工作。如收费站不是太多,或地理上不太分散,则可以采取一个总中心的结构。

1.封闭式收费系统的基本构成

通常,一条封闭式高速公路在其沿线各站都设有了入口,由每个收费站的管理人员管理本站各出入口的日常事务,然后设几个收费分中心或一个收费总中心将全线收费站统一起来,进行营运、财务、人事等方面的综合管理。把各个出入口、收费站和收费中心、分中心的计算机有机结合起来，便于高速公路的营运管理，是收费系统的根本目的。为了达到这种分级管理的方式，典型的封闭式计算机收费系统，常用如图 1-9 所示的分布式多级管理结构，它具有实用、清晰、高效的特点。

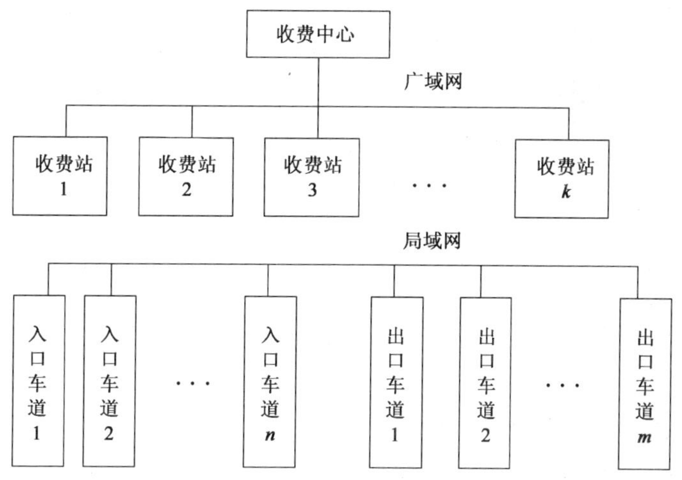

图 1-9 封闭式收费系统结构图

整个收费系统主要由收费中心管理系统、收费站管理系统、收费车道系统三部分构成。以上虽然分了三部分来对整个收费系统作介绍，但实际上三者是一个有机的整体。收费中心对整个收费系统进行控制；收费站汇总收费道数据并在收费中心和收费车道之间实现数据传递；收费车道按照收费中心的要求对过往车辆实施正确的收费，并上传收费数据和交通量数据。

2. 开放式收费系统的基本构成

开放式计算机收费系统只在入口进行一次性车型判别和费额征收，相对于封闭式系统来说，这种收费方式无论从技术上来说还是从管理上来说都是相当简单的。开放式计算机收费系统设计的重点是各个收费站，对于车道与收费站之间的低速通信网或局域网的功能可以有严格的要求，而对于各个收费站之间，通常不考虑计算机网络的互联。

开放式计算机收费系统主要采用“车道—收费站”的二级结构，收费站可采用局域网技术将各台计算机连接起来，也可以采用 RS422 通信技术来连接计算机。在站道二级结构中，开放式收费系统的收费站综合了封闭式收费系统中站级、中心/分中心级的功能，硬件方面仍要求高性能的计算机、监控设备和网络管理设备等，尤其对图像监控的要求更加严格。

二、收费计算机网络系统

（一）封闭式收费系统计算机网络结构

封闭式收费系统能严格按车型和行车里程收费，控制少收、漏收情况，便于高速公路的运营管理，还能兼顾出入口的交通管理。封闭式收费系统的特点就是需要通行券作为收费凭证，记录车辆的类型、入口站名和入口的其他信息，便于在出口时确定应收金额。借助通行券上的信息，还可以获得多种交通信息，如各出入口的分时交通量、各立交交通量的分配、各路段交通量及平均车速等，同时还能对收费人员的工作量、差错率和工作效率等实行跟踪管理与考核。

基于封闭式收费系统的这些特点，其计算机网络应能将高速公路沿线的各个收费站统一起来管理，而且各个收费站也能统一管理本站的各个收费车道。封闭式收费系统的计算机网络结构主要是采用简明、清晰的树状多级结构,如图1-10所示。

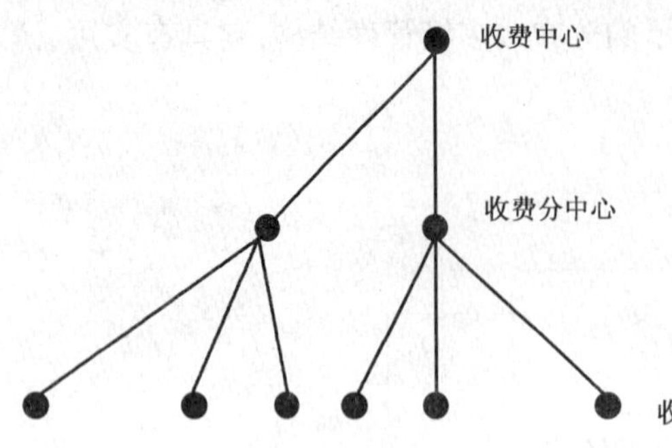

图1-10 封闭式收费系统计算机网络拓扑图

1.收费系统局域网的组网方式

通常,收费站的各个车道与收费站距离不超过1km,可以将车道计算机和站级计算机用局域网方式进行连接。收费站计算机网络拓扑结构一般可采用星形结构。为了实现资源共享及动态数据的有效管理,监控室配置一台10M/100M交换式集线器,采用100Base-T局域网的形式,通过5类或超5类双绞线将集线器与收费站服务器、收费管理计算机及其各车道控制机相连,形成收费站计算机以太网,打印机则通过打印服务器联结到网络上,以实现打印机共享。这种网络遵循IEEE802系列标准,采用TCP/IP协议,具有便于安装和维护、可靠性高、通信速率快、技术成熟、便于扩展等特点。

当监控室与距其最远的收费车道的距离(布线长度)大于100m时,可以在广场靠近监控室一侧的收费亭设置一个集线器,通过集线器级联结方式构造网络。当收费站集线器与广场集线器之间的实际距离大于是100m,可以敷设多模光纤以联结广场集线器与收费站集线器;如果收费广场距收费站控制室距离较远(大于2km),则可以使用单模光纤。典型的收费站计算机网络结构如图1-11所示。

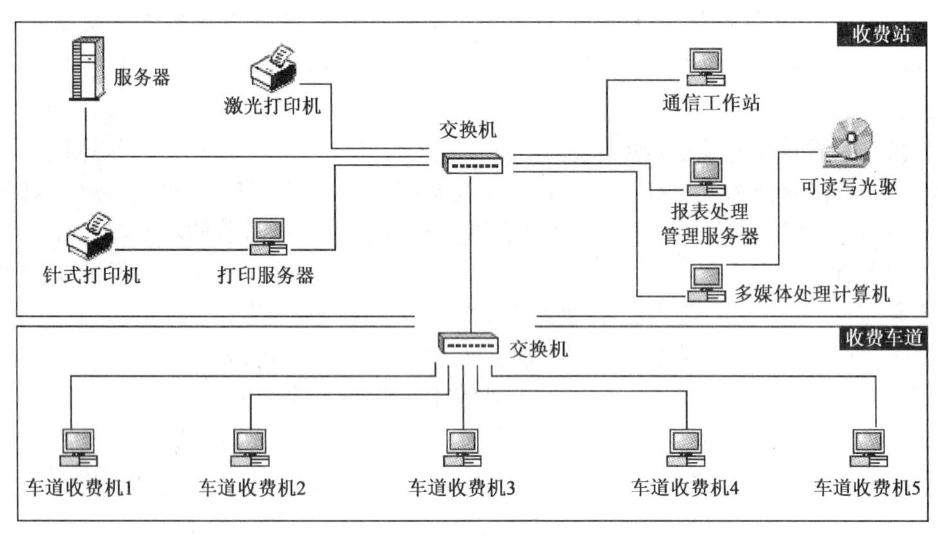

图1-11 收费站局域网结构图

2.收费系统广域网的组网方式

高速公路的收费站往往分布在沿线几百公里的范围内,为了实现统一管理,必须将各个收费站的局域网有效地连接起来,便于运营管理。因此,广域网在收费系统中是必不可少的。

首先要解决广域网的传输介质选择问题。这时电缆实际上已不能满足组网的要求,需要采用光缆作为传输介质。光缆所具有的高数据率、宽频带以及良好的抗干扰性使之成为最佳选择。在采用光纤后,仍有构造网络专线和采用标准通信线路等方式。一般在设计中应尽量考虑利用标准通信线路复用设备,在网络上即采用路由器广域网方案。在通信系统提供的信道不能满足要求时，或在光纤有富余或铺设成本低的情形（距离不太远），可以单独占用一对光纤作为网络线路。对该专线的设计则可以有多种方式，其速率也可以从 10M ~ 1 000M 或更高，一般采用光纤收发器即可。图 1-12 是以路由器为主干的高速公路收费系统广域网的结构图。

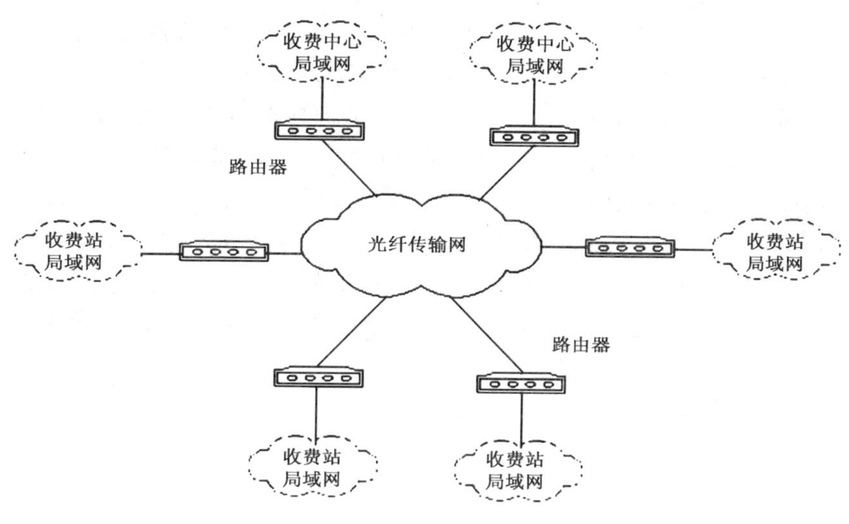

图 1-12　收费系统广域网结构图

（二）开放式收费系统计算机网络结构

开放式收费系统与封闭式收费系统从技术上讲是一致的，严格讲开放式收费系统的计算机网络只是封闭式收费系统网络的一部分。如果封闭式收费系统是一个由若干个局域网组成的广域网，则开放式收费系统网络只是一个局域网。

由于开放式收费系统站点单一、管理直接，主要采用"车道—收费站"的二级结构，收费站可以采用局域网技术将各台计算机连接起来，也可以采用 RS422 或 RS485 串行通信技术来连接，如图 1-13 所示。

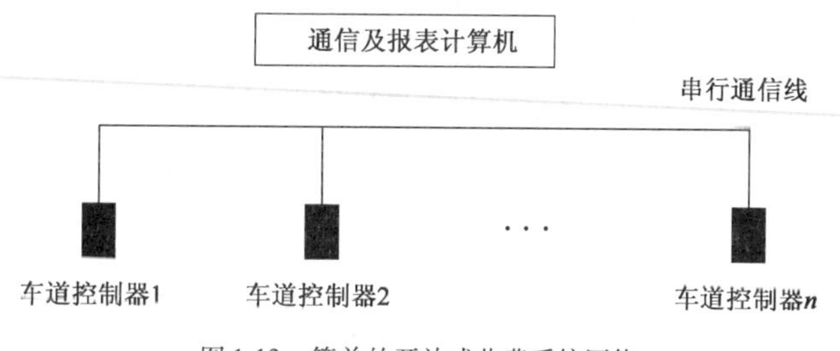

图 1-13　简单的开放式收费系统网络

第三节　认识联网收费

一、联网收费概述

1. 联网收费的概念

高速公路联网收费，简单地讲，就是在某一区域的高速公路路网内，主线不设收费站，只在匝道设收费站，道路使用者只需在入口领卡（停一次车），出口交费（停一次车），就可以到达路网内的任一目的地。目前,我国大多数高速公路联网收费尚处于省(自治区、直辖市)域联网,各地在道路交界处设立主线收费站,各地路网中主线不设站,只在匝道的出入口设立收费站,形成全封闭式路网,车辆在入口领卡,出口验卡收费。

在联网收费条件下,收取的通行费也不再是单一道路的通行费,而是路网内车辆所经过的所有道路通行费的总和。各收费机构所收通行费由参与联网收费的各高速公路业主共同拥有,需把通行费合理、准确地拆分结算到参与联网收费的各高速公路业主,确保高速公路路网中各个业主单位的利益。联网收费的内容,就是解决如何根据不同路段的车辆行驶信息有效地征收全程路费,以及如何合理地将路费划分到相关的高速公路业主单位。

然而,要实现高速公路的联网收费,却又是一项涉及机电工程、信息技术、管理工程等领域的十分复杂和庞大的系统工程,在撤销主线收费站后,如何根据入口、出口信息,将由出口路段征收到的全程路费,合理地化分到不同行政体制、不同财务核算方式、不同收费模式、不同系统结构甚至不同车型分类标准的若干个相关的独立的高速公路经营公司,是我国高速公路向道路网发展过程中面临的一个迫切问题。

2. 联网收费系统的构成

我国的高速公路联网收费一般采用封闭式收费制式,实行"统收统分"收费管理方式。各地联网收费系统一般由结算中心、路段收费中心和收费站三级构成,如图 1-14 所示。其中路网结算中心是系统的核心,它定期将清分结果通知各高速公路业主的收费管理中心。

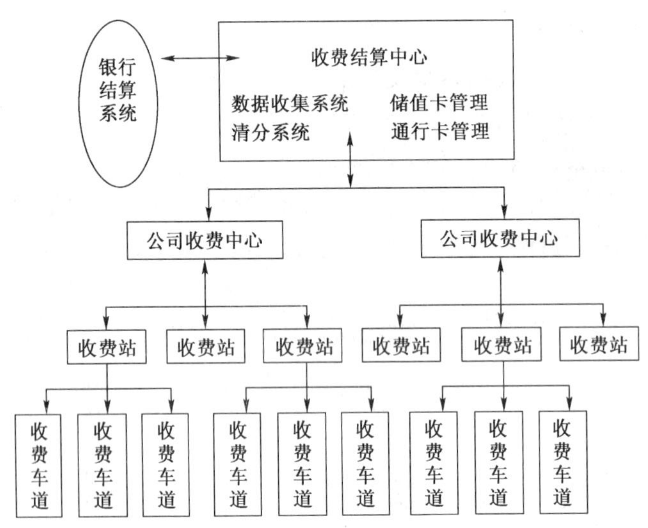

图 1-14　联网收费系统框图

车辆进入高速公路后,收费车道根据不同的用户进行路费结算,并将出入口收费信息同时上传收费站服务器和清算中心服务器。收费站软件汇总车道计算机上传的收费原始数据,进行财务结算、收费统计、票据管理、IC 卡管理和系统维护,同时上传结算数据到结算中心和将统计数据上传业主收费中心以及下传基础数据到车道计算机。业主收费中心汇总收费站上传的统计收据,进行业主收费中心的收费统计、票据管理、IC 卡管理和系统维护,同时管理并发布操作员数据到收费站。清算中心汇总业主收费中心上传的统计收据,并进行收费数据的清算管理、票据管理、IC 卡管理、Web 查询、系统维护和银行接口,同时管理并发布基础数据到业主中心和收费站。

二、联网收费技术的要求

1. 基础工作的要求

由于各地高速公路的建设时期、设备、投资者等不同，导致各路段的收费系统的技术标准不统一。要实现各地封闭式联网收费，要求如下：

(1)统一车辆分类标准、规范收费费率

要实现高速公路的联网收费，必须统一车辆的分类标准，车辆只要在高速公路路网内行驶，车型的判别都将保持一致，通行费的收取也将保持一致。

由于各高速公路项目的单位造价、还贷年限不同，在统一的车型分类标准的前提下，允许不同的高速公路项目有不同的收费费率，但通行费费率必须由公路主管部门统一上报，由物价部门统一核准并由当地政府统一批复。各地高速公路联网收费结算中心按照当地政府批复的通行费收费标准，及时对联网收费结算系统中的费率表进行调整，从而确保通行费拆分的准确性。

(2)统一付款方式

联网收费需要做到付款方式统一，通行券统一。目前收费系统采用的通行券多种多样，为防止舞弊、漏收、少收等异常情况发生，在联网收费中应建议采用非接触式 IC 卡进行付款。非接触式 IC 卡可靠性高、操作方便、快捷、防冲突、加密性好。

(3)统一信息格式

收费信息格式的统一，是联网收费能否实现的基本前提。非接触式 IC 卡的编号、收费中心、收费站、收费车道的编号、非接触式 IC 卡的数据记录格式和通信系统的传输格式必须统一。

(4)完善硬件设备及软件

由于各地高速公路的建设者、管理者不同，建设时期和设备也不一样，要实现联网收费，必须统一非接触式 IC 卡的读写设备，硬件的指标必须统一；收费软件中必须加入 IC 卡管理模块等等。

(5)制订统一的制度

对于车型不符、无现金、无卡车、回头车、公务车、军车、紧急车、车队、违章车等特殊车的处理，执行统一的规章制度，以方便管理。

(6)主线收费站的统一设置

由于我国高速公路的发展起步比较晚，加上资金来源不同，形成各路段公司根据自己的利益建立收费站。要实现高速公路封闭式联网收费，原来建立的主线收费站、过密收费站都必须拆除。

2. 功能性要求

在功能性要求中主要明确收费方式、通行券(卡)的类型、车型分类和判别方法、付款方式、结算方式，收费处理方式、软件功能设置等。主要由以下几部分组成：

(1)高速公路联网收费管理模式；

(2)收费管理标准业务流程，应包括收费业务全过程所有环节的所有岗位；

(3)根据收费管理标准业务流程，明确车道、收费站、收费中心、收费结算中心软件功能设置的要求；

(4)强制性的报表格式、生成方法和报送程序；

(5)路径识别方法;

(6)联网收费结算中心的功能和清分规则。

3. 技术性要求

在技术性要求中主要规定全网的IP地址分配、通行券(卡)的编码格式、数据存储格式和编码规则、数据传输格式和协议等。主要由以下几部分组成:

(1)车道、收费站、收费中心、收费结算中心系统构成和功能设置;

(2)网内计算机IP地址分配方案;

(3)联网收费编码规则;

(4)联网收费数据存储格式;

(5)车道、收费站、收费中心、收费结算中心之间数据传输格式和方法;

(6)通行券(卡)读写设备技术标准;

(7)强制性安全措施。

4. 系统安全性的要求

各地联网收费涉及收费系统网络的人员可能多达数千人,每天网络内收取的通行费可能达千万元之巨,如何保证系统安全可靠工作,是必须引起各方注意的重要问题。

(1)建立严密的管理制度。对各类人员的操作要求标准化、规范化,不允许的操作应坚决禁止。例如有的收费站曾将系统中的计算机用作办公自动化,有些工作人员利用计算机上网、玩游戏等,上述现象一经发现必须严肃处理。

(2)联网收费系统内各种人员的职权应严格区分和界定。例如,收费员应只有操作的权利,一般维修人员只能对非核心设备故障进行修复,不应当具有进入数据库操作的权利。严格界定权限是确保系统可靠、数据安全的重要措施。

(3)联网收费系统应设置专门的网络安全管理设备。一个省的高速公路联网收费计算机网络内涉及的计算机达数千台,必须按照国家有关计算机网络安全的相关规定设置必要的计算机网络安全设备,才能确保系统安全。

(4)联网收费应对设备的工作状态进行检测以确保系统可靠工作。联网收费系统应建立完善的网络和设备状态的检测网络,在联网收费中心不仅可以对收费车道智能设备的状态进行监视,还可以对系统中的计算机的工作状态进行监视。

三、收费结算中心简介

收费结算中心是联网收费系统中的最上层,也是最重要的一层。结算中心要公正、准确地进行收费交易数据、通行费等的采集、结算及账务分割,要将通行费的拆分结果数据下传给每个收费中心,或者要对分中心的拆分和结算结果进行校核审定,要与指定的结算银行进行账目信息的交换与结算。收费结算中心的建设与定位对整个高速公路联网收费系统的建设起着决定性作用。

1. 收费结算中心功能

收费结算中心的基本功能有:

(1)确定收费系统运行参数,并下传给各分中心、收费站。包括费率表、车型分类、黑名单、同步时钟等系统参数。

(2)接收收费站上传的收费交换原始数据和通行费拆分数据。

(3)接收收费分中心上传的收费交易统计数据及管理数据。

(4)按规定的原则进行通行费的拆分与结算,并下传拆分结算的结果,或者对分中心提交的拆分与结算进行校核、审定。

(5)与指定结算银行进行账目信息的交换和结算。

(6)对通行券收费票证等进行管理。

(7)具有收费数据、交通量及各种管理报表的统计与打印。

(8)具有查询功能。值班员或分中心管理人员可随时查询当天或历史数据,并按要求进行显示和打印。

(9)系统具有自动数据备份功能,一旦系统受到破坏或停止运行时,可以尽快地恢复系统运行。

(10)系统具有自诊断功能。能自动测试中心系统的工作状况,包括与各收费分中心、收费站的通道的连接状况,并且在检测到异常时自动显示和打印诊断报告。

(11)安全功能:系统能对不同层次和职责的使用及管理人员,分别设置不同的访问操作使用权限,设置不同的操作口令和密码,防止越权存取和修改,保障数据的完整性,并对值班员的操作进行存储、记录、打印。与指定银行的数据交换或有通过公用电信网与中心进行数据通信的要有安全技术防范措施,保证数据的安全。

(12)提供内部系统及上级管理部门有关信息,实现信息共享,但与办公管理系统要有安全隔离措施。

随着高速公路联网收费系统的进一步改进,收费结算中心的扩展功能还有:

(1)预付卡管理:预付卡黑名单的管理;与预付卡发行银行进行数据交换;预付卡收费金额的账务分割等。

(2)电子不停车收费(ETC)管理:电子标签黑名单的管理;与电子标签发行银行进行数据交换;电子不停车收费金额的账务分割;客户服务(销售、安装、维修管理、资料查询)。

2. 收费结算中心系统构成

收费结算中心的系统构成因根据高速公路网络规模的大小、交通量大小以及所采用的收费技术(半自动人工收费、预付卡或电子收费)来决定,并应根据收费业务处理量,做好分期实施计划。

收费结算中心局域网一般采用千兆以太网技术组网,所有服务器采用快速以太网接口接入中心交换机,所有客户机采用快速以太网接口接入楼层交换机,中心交换机与楼层交换机、主干路由器之间采用千兆以太网相连。采用开放式的网络构架,可根据功能需求和收费处理业务量的增加方便的升级与扩展。该系统由小型机主服务器、通信服务器、访问服务器、主交换机、工作站、路由器、打印机、磁带库和 UPS 电源等组成。

联网收费系统中若使用非接触 IC 卡通行券,需增加 IC 卡发卡中心的计算机系统,该系统是由交换机、服务器、通信计算机、管理计算机、IC 卡初始化和发卡设备、打印机、数据备份设备等组成。若使用预付卡付款方式,需增加与预付卡发卡银行的数据交换接口和预付卡管理计算机。联网收费系统若采用电子不停车收费方式,需增加电子标签发行中心计算机系统、客户服务中心、图像抓拍处理系统、打印设备、图像备份设备等。

系统的规模要以近期(一般按开通后五年)为主,并结合远期的发展,应具有良好的开放性和可扩展性。网络设计应注意以下几点:

(1)目前结算中心局域网宜采用千兆以太网,服务器宜采用企业级小型机组成双机冗余系统,或者由多台服务器组成的集群系统,操作系统宜采用 UNIX 或 WIN2000-Server。

(2)本地网络系统的设计宜结合监控系统并考虑本地办公自动化的需求,为办公自动化等管理应用提供网络支持。通常结算中心是和监控、通信中心同址,甚至是在一个楼的相邻楼层,当该处又有一些上级管理部门时,则收费结算中心核心交换机宜为办公管理的需求留有接口。

(3)应根据不同的业务划分子网。例如办公自动化子网应该与收费网络,监控网络隔离,结算中心的结算业务宜与通行券、票证业务用虚拟局域网分开,监控的数据宜和视频应用以VLAN 分离等,这样可以提高安全性,并减少子网间不必要的信息交换。

(4)结算中心网络要高可用性,其网络宜进行冗余设计,尽量避免单点设备故障影响系统的正常运行。

(5)结算中心与各路收费分中心组成收费网络的逻辑拓扑结构应采用有备用通道的星形结构,或者是不完全的网状结构,或者是采用两个环的自愈保护结构,才能保证收费网络的可靠性。

3. 收费结算中心的软件平台

(1)操作系统

收费结算中心系统含有通行费拆分和结算功能,对计算机网络安全性和可靠性的要求要大于单一的收费系统。根据联网收费的应用需求,结算中心数据库小型机操作系统宜采用UNIX,其他服务器操作系统一般宜选用 WINDOWS 2000 ADVENCED SEVER,各工作站一般宜选用 WINDOWS 2000 PROFESSIONAL。

(2)数据库系统

服务器数据库一般应满足以下要求:支持分布式处理;支持客户/服务器体系结构;支持高性能的并发控制和联机事务处理;支持主要网际互联协议(如 TCP/IP、APPC 等)和局域网协议(如 TCP/IP、SPX/IPX);支持 SQL 标准;支持可变元的二进制存取及提供相应的多媒体开发工具;具有安全性、灾难恢复和事务完整性考虑;具有良好的可移植性和可扩展性;支持大量的第三方产品,能满足不断发展中的各类业务需求;至少支持 PowerBuilder、Delphi、Microsoft Visual C + +等开发工具;具备完善的 Internet 开发工具。为此,数据库系统宜选用 Oracle、SQL server 2000 等。

(3)网络管理软件

网络管理范围为收费结算中心计算机网络,包括网络设备、计算机、UPS 电源、通信传输和访问控制等。网络维护功能包括网络监控、测试、报警、供电、故障处理与修复。日常管理功能包括通过收集通信量及设备利用率等方面数据,经分析后作出相应控制,优化网络运作和提高资源利用率。为此,网管软件宜选用 Openview、NetManager 等。

(4)开发工具

应用软件开发工具为面向对象(OOP-Orient Object Programming)的集成工具,宜选用 Microsoft 公司的 Visual C + +、Visual Basic, Inprise 公司的 Delphi、C + + Builder, Sybase 公司的 PowerBuilder 等。

四、联网收费的通行费结算模式

在联网收费下,由于各收费机构所收取的通行费由参与联网的各高速公路业主共同拥有,因此,联网收费后首先必须解决的问题就是通行费的拆分结算问题。通行费拆分结算是否公正、准确、高效,成为衡量联网收费成败的关键。

1. 通行费的计算

在采用封闭式联网收费制式时，车辆通行费的计算依据是车辆的行驶路径以及各路段针对不同类别车辆确定的收费标准。我们可以根据标识站法、最短路径法等路径识别算法，以及入口/出口信息确定车辆的行驶路径，来确定车辆在高速公路网中行驶时依次经历的各个路段和行车里程，为出口收费车道计算通行费应收金额和结算中心拆分原始收费记录提供依据。

（1）路径识别

高速公路路网的逐渐形成导致高速公路纵横交错，四通八达，给公路运输提供了非常多的路径选择，有利于分散交通量，缓解交通压力，但同时也给交通管理带来很多困难，其中最突出的是路径判断问题。因为联网收费出口收费的基础是车辆行驶路径、车型和费率。如果车辆行驶路径不能唯一确定，通行费就不能确定，拆账的接收对象各公司也不能确定，拆账就不能进行。路径确认的解决方法有许多，大部分方法是充分利用现有软硬件技术、数理统计、概率分配等技术，完成通行费的拆分问题。

①标识站法

标识站法是在高速公路网中行驶车辆会产生二义性路段中设置标识站，车辆在通过该路段时在通行卡上记录标识站的代码信息，车辆经过不同的路径其标识站的代码不同，以此来确定车辆实际行驶路径，准确地判断车辆在路网中的行驶路径。

标志站法是在高速公路上设置几条带收费岛的车道，前方设标志说明，收费车道上安装两个高低不同的非接触式 IC 卡读写设备，高者适合于大车，低者适合于小车，驾驶员将 IC 卡在读写天线的规定距离内划过，收费员不做任何动作，自动栏杆开启、车辆通行，记录该标识站信息。标识站还要设置摄像机（对冲卡车辆进行抓拍）、雾灯等安全设施。

②最短路径法

计算车辆在从起点到终点存在两条或两条以上的路径如何选择行驶，在交通规划的分配方法中，有许多种理论，最短路径法是在交通分配中使用较为简便的一种方法。最短路径法假设道路使用者在选择同一方向不同路径的时候，以两点之间里程（时间、费用或综合参数）作为唯一的考核指标，认为同一方向的不同道路使用者一定是选择最短的路径行驶。

③动态交通分配法

动态交通分配法是为改善最短路径法的缺陷而诞生的，同时也是基于计算机计算能力提高的基础上。动态交通分配法认为最短路径的情况并非是一成不变的，所以在交通分配时，逐步将交通量分配到路段中，每次分配结合上次分配的交通量计算道路服务水平、路阻函数等参数确定新一轮的最短路径。随着交通量增加，路网中的最短路径也是在动态变化的。

④划性协商法

由涉及二义性路线的相关各公司业主进行协商，确定各公司拆分金额办法。此法有一定的偏差，但业主双方能达到一定的共识，具有一定的可行性，但缺乏科学依据。

⑤时性协商法

利用分型设备实时确定拆分比例，可实时较准确拆分收费数据和收入，客观反映实际车流，调查数据可用于其他方面的交通管理。

（2）制定费率表

为完成联网收费系统中通行费的计算，收费结算中心应针对高速公路网的各个不同路段，统一制定通行费费率表。在制定费率表时，根据各路段收费标准，按照不同的车辆类别制定，通过计算，最终确定路网内每一个入口收费站与出口收费站之间应收取的通行费。对于入口收费站与出口收费站之间有二义性路径的情况,可分别根据各种路径情况确定各自的通行费数额。

对于每一通过车辆,按照确定的车辆行驶路径与车辆类别,根据联网收费系统制定的费率表,可计算出车辆实际行走路线中通过的各个路段应收取的收费金额总数。

2. 通行费拆分原则

通行费拆分基本原则:公开、公平、精确。

(1)逐车拆分

为了保障各独立公司的利益,对车辆通过后收取的通行费实行逐车拆分的原则,车辆在其通过的每一条高速公路或大桥分别应交的通行费是可以计算的,一次收取的总通行费数据由车道计算机根据费率表拆分并将数据上传收费站服务器,由站管理机进行当天的通行费拆分金额的汇总及对特殊车辆通行费的拆分,由收费分中心、收费中心进行核对。

也可以将原始收费数据上传到站服务器,站服务器只计算总的通行费。原始收费记录通过通信系统提供的通道上传到收费中心,中心按照相应的费率表对通行费进行拆分。由于各站、中心的费率表都是统一的,并且费率表的编制和下发都是经过各路段业主和监督部门审核通过的,所以通行费能按公平、公正、精准的原则进行拆分。

(2)分路计价、一次缴费

由于路网内公路等级有所不同,各地政府批准的各高速公路及桥梁的收费标准和收费政策规定上会有差别,因此路网宜分路计价、一次收费,在通行费收据上分列打印各路段通行费以及总额。

(3)按日结算

路网内的收费站,当日内将所收取的现金跟银行解缴款,各条路的通行费拆分应根据收费管理中心的计算机拆分结果进行分配,由银行划拨拆分金额到各公司账户。

(4)特殊处理车辆的通行费拆分

由于通行卡丢失、坏卡、收费员错误输入、U 行、欠费等原因,有少量车辆的通行费不能精确在路网内拆分,此部分通行费可按当日各高速公路的收费总额占当日路网收费总额的比例进行拆分,还可以按照当日各收费站的各高速公路收费额占本站当日收费总额的比例进行拆分。因为收费总额不仅和里程有关,也和车辆数、车辆来源及收费费率等因素有关,包含了更多的合理收费因素,且各个收费站的收费因素不同,所以建议采用各收费站收费总额的比例来拆分。

3. 通行费拆分方案

对通行车辆而言,通行费收取应按照车辆的类型和行驶里程合理收费,不能因为高速公路联网而产生不合理收费。对各个路网业主来说,车辆在哪条路上行驶,相应的通行费应该归哪条路的业主所有,这就要求对通行费进行精确拆分。

根据拆分数据是否集中,可分为集中拆分和分散拆分或双重拆分。在拆分结算通行费时,可以针对各高速公路业主拆分结算通行费;也可以只针对路段拆分结算通行费,各业主之间的利益分配问题由各业主在路段内部自行协商解决。这两种方式差别不大,不影响拆分结算的整体方案。下文的讨论均只考虑针对路段拆分结算通行费的情况。

(1)集中拆分

在集中拆分方案中,出口收费车道把收费数据上传到结算中心,通行费的拆分结算处理由结算中心集中负责,各下级收费机构不再拆分结算通行费。收费车道只计算总的通行费,并将每辆车的原始收费记录通过通信系统提供的通道上传到收费中心，中心按照相应的费率表对通行费进行拆分，按照统计日期打印出通行费拆账日报表。对于不可精确拆分的通行费（如无卡、卡坏、U行以及欠费）的拆分，按照本统计日期内各公司的通行费收入比例进行拆分。银行每天按照由结算中心提供的拆账报表进行通行费的划拨。

本方式节省资金且有利于财务保密，在拆分方案变化时只需要变化各条高速公路中心部分的相关软件，对其他部分特别硬件设备影响小。但是中心计算机计算量大，需配备高速大容量计算机系统；另外，所有原始收费数据均需传输到收费拆账中心和收费分中心，因此通信系统的负担较重，而且，若通信系统出现故障时，则将无法进行通行费的拆分。

（2）分散拆分

分散拆分为各收费站拆分、结算中心校核的模式。通行费在收费站即进行了拆分，收费站服务器将数据进行汇总后上传到结算中心，同时将原始数据上传结算中心，中心服务器对拆账结果进行汇总统计，打印出该统计日期内的通行费拆账日报表；同时在收费中心以收费站为单位对原始数据进行二次拆分，对收费站上传的拆分结果进行校核。

本方式拆分直接准确，车辆的通行费在出口即可由车道机直接拆分，即使通信系统出现故障，也不影响通行费的拆分，收费拆账中心和收费分中心只进行拆分结果的汇总、复核，因此传输的数据量小，减轻了通信系统的负担。但是在收费站进行收费拆分，对收费站而言，增加了收费站的管理工作量，拆分结果保密性较低。

（3）双重拆分

双重拆分方案同时由两级收费机构独立地拆分结算通行费，通过检查两个拆分账结算结果是否一致确定拆分账结算的公正、准确性。在双重拆分方案中，出口收费车道负责收费并拆分原始收费记录，把原始收费记录和拆分流水账上传到收费站。收费站汇总统计拆分流水账，形成本收费站的通行费拆分结算结果，并把原始收费记录和本站的拆分结算结果上传到结算中心。结算中心拆分原始收费记录，汇总统计拆分流水账，形成全区域的通行费拆分结算结果。结算中心通过对比两个拆分结算结果是否一致确定拆分结算结果的准确性。

本方案需要两次拆分原始收费记录，因此加重了出口收费车道、收费站软硬件系统的负担。需要在出口收费车道与收费站之间传输拆分流水账，加大了出口收费车道与收费站之间的网络传输流量。若由于网络故障等原因导致原始收费记录和拆分账结算结果等数据无法上传到结算中心时，各收费站可以根据各自的通行费拆分账结算结果临时清算通行费，待故障恢复后，结算中心再拆分原始收费记录，校验、修正通行费拆分结算结果，因此本方案在系统局部故障时，能按时完成通行费清算。

阅读材料

高速公路联网收费暂行技术要求

为提高高速公路的使用效率和服务质量，规范高速公路联网收费设施的规划、设计、建设和运营管理，根据《公路法》及有关技术标准，制定本暂行技术要求。

第一章　总则

第一条　高速公路应首先实现省（自治区、直辖市）内联网收费，逐步实现省（自治区、直辖市）际间的联网，为全国联网收费电子货币化做好基础工作。

第二条　同一条收费高速公路由不同的交通主管部门组织修建或者由不同的公路经营企

业投资建设或经营的，应当实行“统一收费、按比例分成”的管理方式。

第三条 各省（自治区、直辖市）在实施高速公路联网收费时，应按照“统一规划、一次设计、分期实施、逐步联网”的方针，在不断总结和积累高速公路联网收费经验的基础上，逐步扩大联网收费的规模与范围。

第四条 各省（自治区、直辖市）交通主管部门应结合本地实际，制定本省（自治区、直辖市）高速公路联网收费的总体规划；统一高速公路联网收费管理模式、系统技术标准和收费业务流程；制定高速公路联网收费的管理规章等。

第五条 联网收费项目的实施应按照国家规定的基本建设程序和有关规定进行。

第六条 高速公路联网收费应结合当地高速公路管理体制，设置收费结算中心，按照“准确、公正、高效”的要求，对各收费单位收取的通行费进行拆分和清算。

第七条 各省（自治区、直辖市）高速公路联网收费结算中心应预留预付卡（储值卡、记账卡）和电子不停车收费的结算功能，以防止和避免重复建设。

第二章 联网收费的一般规定

第八条 高速公路联网收费制式一般采用封闭式。收费站的设置应符合国家有关规定。

第九条 在全国统一的车型分类标准尚未实施之前，各省（自治区、直辖市）应首先确定本省区域内统一的车型分类标准。

第十条 联网收费区域内的收费结算中心应根据省级人民政府交通主管部门与物价主管部门批准的收费标准，统一制定费率。

第十一条 收费方式一般采用人工半自动收费，即“人工收费、计算机管理、检测器校核”。电子不停车收费是收费技术的发展方向，有条件的省（自治区、直辖市）可逐步予以发展。

第十二条 人工半自动收费的付款方式在以现金为主的基础上，积极推行预付卡（储值卡和记账卡）、一卡通和一卡多用的付款方式，以减少现金收费比例，为用户提供方便。预付卡或电子标签卡（电子不停车收费用）的发行和使用应具备通用性。

第十三条 电子不停车收费技术中车辆自动识别系统所采用的专用短程通信频率推荐5.8GHz。电子标签宜采用可读写的“单片式”（可读写智能电子标签）或“两片式”（带IC卡接口的电子签）。“两片式”电子不停车收费系统应与人工半自动收费系统兼容。

第十四条 当新建收费站预留有电子不停车收费车道时，匝道收费站的入、出口收费车道总数不得少于4条。主线收费站的入、出口收费车道总数不得少于6条。

第十五条 低速专用电子不停车收费车道的设计速度为：主线收费站60km/h；匝道收费站40km/h。高速自由流电子不停车设施的设计速度一般应大于160km/h（无收费车道）。

第十六条 同一联网收费区域内应采用相同类型和数据格式的通行券（卡）。一般条件下宜选择多次重复使用的非接触式IC卡、一次性使用的纸质磁性券或一次性使用的纸质二维条形码券。

第三章 联网收费的软、硬件平台及功能

第十七条 联网收费系统总体框架结构一般由收费结算中心和联网收费区域内各路段的收费系统两部分组成。

第十八条 联网收费计算机网络应按照先进性与实用性、可靠性与安全性以及经济性与可扩展性相结合的原则，必须采用开放式的体系结构，各层局域网应采用高速网络技术。

第十九条 各联网收费系统应对本网计算机IP地址作出规划，以避免发生IP地址冲突。IP地址使用10.0.0.0~10.255.255.255。

第二十条　联网收费系统网络必须采取切实可行的措施，以保证系统的可靠性和安全性。收费结算中心和路段收费中心局域网的服务器、电源、网络等，宜采用热备份工作方式；使用公共传输线路的网络出口应设置防火墙；收费数据的传输必须保证数据的完整性、准确性、真实性、可靠性和一致性，并对信息中敏感的数据单元采取特殊的加密措施。建立健全系统和网络安全规章制度，加强操作人员安全观念、法制观念教育。切实做好计算机防治病毒措施。

第二十一条　收费结算中心的基本功能是：制定和下传联网收费系统运行参数（费率表、时间同步、系统设置参数等）；接收收费站、收费中心上传的所有原始收费数据并对通行费进行拆分和复核，与指定银行进行账目信息交换和通行费结算、账务分割；接收收费中心上传的收费统计等数据；联网收费系统操作、维修人员权限的设置与管理；通行券、票证的管理；数据库、系统维护、网络管理；汇总、统计、查询、打印收费、管理、交通量等报表；数据存储、备份和安全保护。可扩展的主要功能有：预付卡和电子不停车收费的管理；客户服务和抓拍图像的管理等。

第二十二条　各路段收费中心的基本功能是：接收和下传联网收费系统运行参数；准确可靠地收集管辖区内每一收费站上传的原始收费数据与资料；处理收集到的数据与资料，汇总、统计、查询、打印收费、管理、交通量等报表，并上传所有数据和文件给收费结算中心；通行券、票证的管理；联网收费系统中操作、维修人员权限的管理；数据库、系统维护、网络管理等；数据、资料的存储与备份和安全保护；抓拍图像的管理等。

第二十三条　收费站的基本功能是：轮询所有收费车道，实时采集收费车道每一条原始数据；对收费车道的运行状况实施实时检测与监视，具有故障自动检测功能；向收费中心/收费结算中心传输收费业务数据（收入、交通、管理）；接收收费中心下传的系统运行参数并下传给收费车道；收费员录入班次的收费额；值班员录入欠（罚）款和银行缴款数据；通行券、票证的管理；抓拍图像的管理等。

第二十四条　收费车道的主要功能是：按车道操作流程正确工作，并将收费处理数据实时上传收费站计算机系统；接收收费站下传的系统运行参数；对车道设备的管理与控制，具有设备状态自检功能；可降级使用，但不丢失数据；当通信中断时具有后备独立工作能力；为车辆通行提供控制信息；将各种违章报警信号实时传送到收费控制室。

第二十五条　联网收费系统中收费车道操作流程必须完全相同，对车型、车种的识别标准应一致。

第二十六条　联网收费系统采用的报表格式应符合交通部有关标准规范的规定。对强制性规定的报表格式不得自行修改。

第二十七条　对于收费过程中出现的一些突发事件和特殊的收费处理操作，应通过闭路电视监视系统进行观察和记录。收费广场和出口收费车道应设置摄像机。

第二十八条　联网收费应用软件的开发应符合国家软件开发标准的有关规定。

第二十九条　联网收费系统中，数据库格式、收费站服务器与车道控制器之间的信息交换方式及格式，应以书面材料形式提交收费结算中心和收费单位保存。

第三十条　为保证联网收费系统的可靠性和安全性，应同步建设专用通信系统。高速公路专用通信系统的规划、设计与实施，应满足联网收费系统的组网要求。高速公路收费站与省（自治区、直辖市）收费结算中心之间宜采用数据直传模式。当以高速公路专用通信网络作为数据传输主要通道时，公用通信网络可作为备份通道。

第四章　联网收费的结算模式

第三十一条　联网收费的结算，宜采用由收费结算中心统一管理收费数据，并按照各收费单位共同确定的原则进行统一拆分与清算。当采用收费中心（或收费站）进行拆分时，应由收费结算中心统一校核。

第三十二条　联网收费系统的结算模式有以下两种主要形式，各地可根据不同的高速公路建设投资主体和管理体制，因地制宜地予以选择：

(1)统收统分结算模式。即通行费统一收缴，定期按各收费单位投资、建设里程、交通量、养护费用等因素确定分配比例。

(2)按车辆实际行驶里程、各路段实际费率进行通行费计算并进行拆分。通行费的计算和拆分以车辆的实际行驶为基础。

第三十三条　各省（自治区、直辖市）在选择高速公路互通立交形式时，应避免路径的二义性。路径识别的方法主要有：最短路径法、抽样调查法和路径标识法。各地可根据所选用的结算模式选择适宜的路径识别方法。

第五章　其他

第三十四条　联网收费土建附属设施的设计和施工应符合有关交通行业标准和本暂行技术要求的要求。

第三十五条　本暂行技术要求适用于新建或改建的收费高速公路项目。

项目二 半自动联网收费系统集成方案设计

第一节 半自动联网收费系统项目概述

一、路 网 概 况

下面以京珠高速公路湖南段为例，介绍半自动联网收费系统。该路段北起湘鄂边界的羊楼司，南至湘粤边界的小塘，是湖南省高速公路网络体系中的主干部分，目前已建成的联网收费系统还纳入了与之横向连接的长永路，共5个路段(纵向由北往南分别是临长路、长潭路、潭耒路、耒宜路，横向是长永路)，总长度约565km，全线设38个收费站，其中包括两个省界主线站，共计166条收费车道。

二、系 统 结 构

目前湖南省高速公路收费信息系统的管理分为三级，即省高速公路信息中心(区域中心)、路段信息中心(分中心)和沿线收费站，与此对应，京珠联网收费系统分为区域中心、分中心、收费站、收费车道4个管理层次，其总体结构如图2-1所示。在京珠联网系统中，区域中心下辖5个分中心，其中分中心1辖11个收费站，分中心2辖4个收费站，分中心3辖5个收费站，分中心4辖10个收费站，分中心5辖8个收费站。

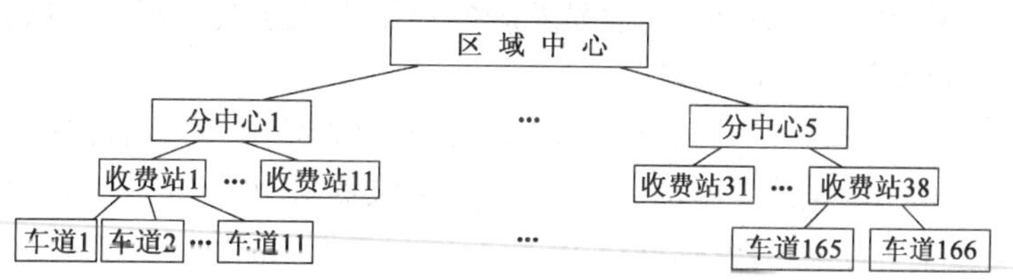

图2-1 联网收费系统总体结构

根据目前湖南省高速公路系统采用的全封闭半自动收费(入口发卡、出口验卡收费、人工判别车型、计算机管理、车辆检测器校验、闭路电视监控、使用非接触式IC卡作为通行券)模式，京珠高速公路(湖南段)联网收费系统包括人工收费车道系统、收费站计算机系统、分中心、计算机系统、内部有线对讲与报警系统、闭路电视监控系统等，其技术配置方案较好地满足了上述要求。

三、建 设 目 标

京珠高速公路湖南段联网收费系统应为管理者提供安全、可靠、先进、实用的现代化管理手段。为此，该系统必须实现以下目标：

(1)根据车型和行驶里程对通行车辆正确收取通行费，减少逃费现象的发生，最大限度地防止来自驾乘人员的财务漏洞，防止路费流失。

(2)所有收费交易必须入账,所有收费原始数据的记录必须完整,并与收费员上缴现金和收据复核校对,防止贪污行为,提高收费业务可信度。

(3)具备较高服务水平,文明收费,减少因收费引起的交通延误。

(4)能有效加强对军警车辆、紧急车辆、冲关车辆等特殊车辆的管理。

(5)具备后备功能,不会因局部故障影响其他部分的正常工作。

(6)具备可扩充性,易于实现技术升级,同时具有较强兼容性,可支持多种付费手段。

(7)统计报表准确及时,充分满足管理需要,所有登录操作均在计算机上进行,提高办公自动化程度,减少人为失误。

(8)车道收费操作过程简明、实用,具有友好的人机界面,实现模块化,以减轻收费员劳动强度,便于维护和管理。

(9)兼顾出、入口交通管理,定时向交通监控系统提供交通量数据。

第二节 半自动联网收费系统方案设计

一、收费系统的网络规划

1.可行性分析

京珠高速公路湖南段联网收费系统是湖南省联网收费系统的一部分,系统遵循湖南省联网收费统一规划,联网收费系统实现的前提条件包括:

(1)统一路网规划、封闭路网。

(2)统一车型、车情分类:车型分1~5类,车种包括普通车、公务车、军警车、违章车、紧急车、优惠车、储值卡车、记账车等。

(3)统一付费方式:湖南省高速公路收费系统的付款方式主要为现金方式,系统应预留使用储值卡、记账卡以及不停车收费等方式的接口。

(4)统一通行券:湖南省高速公路收费系统采用非接触IC卡作为通行券。

(5)统一收费流程和特殊情况处理方法:全省联网收费采用统一编制的收费系统软件。

(6)系统各级硬件平台基本统一,网络IP地址统一规划,路段IP地址根据湖南省联网收费系统IP规划方案进行分配。

2.组网原则

(1)经济实用、先进可靠

针对路段道路基础设施和运管体制的特点,选择当今国内外成熟而先进的技术,保证系统功能的实现和长期稳定、可靠运行,对系统通信或局部故障具有容错能力,不中断业务,不丢失数据,同时降低系统建设费用。

(2)标准化、规范化

参照国内外相关技术标准、规范和惯例,以便于与相邻路段和省内其他高速公路实现信息联网,同时便于与相关的金融、电信、公共信息系统网络协调衔接。

(3)信息安全

系统应保证数据在生成传输和存储处理过程中的安全性和保密性,采取必要的加密合认证措施,避免系统遭受人为攻击或自然事故的破坏。系统应在网络、计算机和用户三个等级进行安全控制,并建立健全安全管理的规章制度。

(4)可持续建设发展

为了减少和杜绝由于技术方案、硬件设施和软件的升级带来的投资损失,网络建设应遵循可持续发展原则。在系统方案充分考虑兼容 ETC 收费的能力。

二、收费系统的网络设计

京珠高速公路湖南段联网收费系统采用人工判别车型、人工收费、计算机辅助管理、车辆检测器校核、闭路电视监视的公路半自动收费方式。收费管理以集中监控为主、分布监控为辅。通过收费主站的计算机系统和视频数据复用光端机,收费数据及视频图像均实时上传至收费中心。收费中心通过计算机系统与 CCTV 控制矩阵系统,对全线收费各收费站的数据、图像进行管理,进而实现对各收费站的收费业务的直接管理。

与运营管理体制相对应,按结构划分,京珠高速公路湖南段联网收费系统主要由收费中心系统、收费站收费系统及收费车道三级系统构成,即:规划设计车道收费子系统、站级收费子系统和收费中心三级计算机网络系统。

(一)收费车道计算机系统

1. 系统概述

车道作为收费系统的基层业务处理机构,起着非常重要的作用。收费车道分为入口车道和出口车道,分别完成入口发卡,出口收卡、收费等具体的收费业务工作,同时实现收费基础数据的自动采集,并接受收费站下发的业务管理和控制参数。

2. 系统构成

(1)入口收费车道设备:车道控制机机、收费员终端(包括显示器和键盘)、收费员操作台、非接触式 IC 卡读写器、车辆检测器、天棚信号灯、车道通行信号灯、自动栏杆机、手动栏杆、声光报警器、雾灯、内部对讲分机、安全报警踏板等。

(2)出口收费车道设备:在入口车道设备的基础上增加了收费亭摄像机、车道摄像机、票据打印机、金额显示器、图像捕捉卡、视频数字叠加器等。

(3)车道控制机是车道的核心设备,安装于高速公路收费车道,用于对通过车辆的收费管理与控制。车道控制机以工业计算机为核心,配有隔离驱动板外围接口和配电线路,接受收费站计算机的命令并上传收费车道的各项信息,检测车道设备的运行状态,实现对外围设备的控制和据采集,它与外围设备的连接示意图如图 2-2 所示。

此外,车道控制机还具有如下基本功能:

①按规定的收费流程控制车道设备,完成收费操作,适应公路收费业务处理的工作环境。

②采集和保存原始操作数据和交通流数据,完成时间段的数据统计。

③通过以太网将收费数据及图像文件上传到收费站服务器,同时接收其下传的数据和管理指令。

④在显示器上实时显示车道摄像机摄取的收费车道图像并抓拍通行车辆的静态图像,具有视频叠加功能,在车道图像上进行数据叠加并对图像进行压缩存储。

⑤在收费车道与收费站之间的通信出现故障时,车道控制机能独立工作并存储大于 40 天的原始收费处理数据。故障排除后,数据可以继续上传。

⑥在误操作和掉电等非正常情况下收费处理数据不会丢失和破坏。

⑦为车道外围设备提供 AC220V、DC24V、DC12V、DC5V 等电源接口,以及串口、并口等多种数据接口。

3. 收费车道功能

收费车道功能主要分为入口车道业务功能和出口车道业务功能，车道收费业务的操作流程，依赖于应用软件的实现，在本教材中不作重点描述。

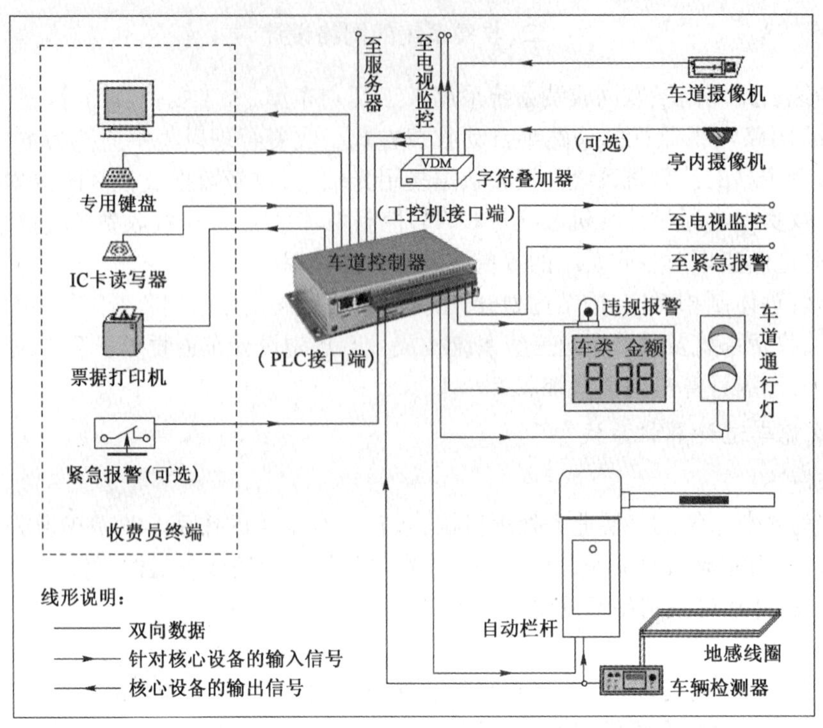

图 2-2　典型收费车道控制系统结构图

(1)入口车道功能

入口车道的业务功能主要是控制车道设备，完成入口发放通行券的工作，即收费员输入车辆的类型、车型，确认后，将有关数据写入非接触式 IC 卡中，将 IC 卡发放给驾驶员，同时车道收费机根据收费员的指令控制相应的外场设备做出动作，车辆放行，同时记录收费业务数据并上传给收费站。

(2)出口车道功能

出口车道的业务功能主要是控制车道设备，回收通行券，完成出口收取通行费的工作，即出口车道收费员回收驾驶员的非接触式 IC 卡并判别车型、车种，由非接触式 IC 卡读写器读出卡内数据，和出口收费员输入数据进行核对，计算费额，确认后，车道收费机将根据由 IC 卡上读出的数据自动计算通行费，并打印收费票据，作为通过高速公路缴费的有关凭证，收费员据此收取现金。收取费用后，车道收费机根据收费员的指令控制相应的外场设备动作，并将收费数据实时上传给收费站。

在出口车道机内安装图像捕捉卡，对通过的每辆车进行图像抓拍。将抓拍下来的数字图像上传收费站数据库及中心数据库，供各级管理人员稽查核对。

(3)数据通信功能

车道数据通信功能包括向收费站上传数据以及从收费站接收数据。上传数据包括收费业务处理信息、收费员上下班信息、处理各种特殊情况的报警信息、网络连接发生故障时的脱网处理；下发数据包括时钟、收费表、黑名单、收费站下达的指令、进行收费员收费统计等。

（二）收费站计算机系统

1. 系统概述

在收费系统车道—站—收费中心三级机构中，车道主要完成了具体收费业务工作，收费站则对车道收费业务进行直接管理，包括对车道收费业务的实时监视、班次结算等财务管理、收费站业务统计评价、收费额拆分等。除此之外，收费站在车道和中心之间起到一种承上启下的作用，收费站实时接收车道上传的原始数据，进行整理、存储、汇总，并将数据上传中心，同时接收收费中心的费率表、统一时钟等系统运行参数，并下发车道。

2. 系统构成

收费站主要包括收费机房设备以及供配电设备。包括：服务器、收费管理工作站、非接触式 IC 卡读写器、票据打印机、激光打印机、以太网交换机、内部对讲主机、线缆转发器等设备。系统构成图如图 2-3 所示，各设备功能简述如下。

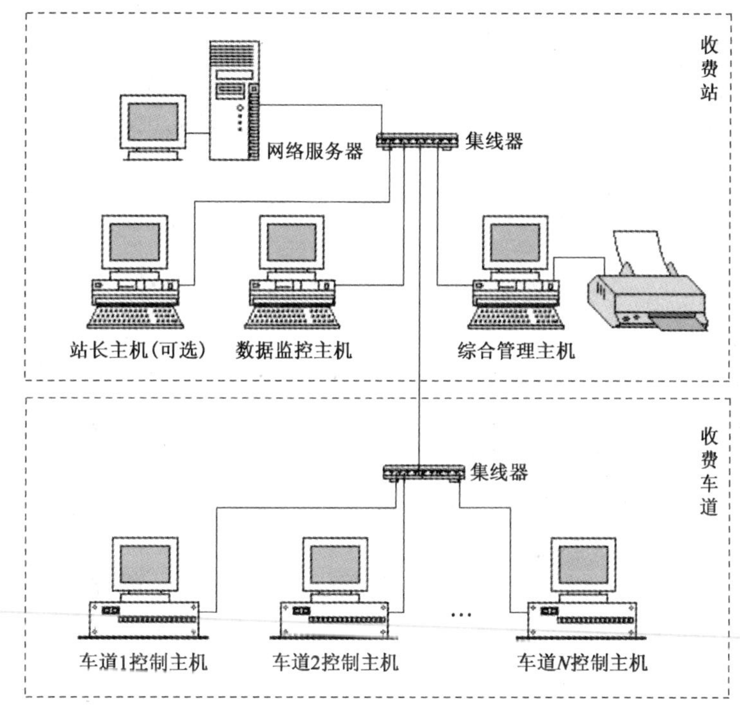

图 2-3　收费站计算机系统结构图

（1）服务器：安装数据库，实现数据通信、存储、访问等功能；

（2）收费管理工作站：部署收费站管理软件，实现收费业务管理功能；

（3）非接触式 IC 卡读写器：用于收费站内 IC 卡读写功能、测试功能等；

（4）票据打印机：用于收费站内票据打印功能；

（5）激光打印机：网络打印功能；

（6）以太网交换机：车道、站组网功能；

（7）内部对讲主机：与车道、中心对讲通话。

3. 收费站功能

收费站收费系统分为收费站后台与收费站前台两大部分。

收费站后台软件运行在收费站服务器上，系统自动完成数据的接收、存储、汇总、转发等功能，同时提供菜单界面实现系统的打开、关闭，数据的备份、恢复，脱机数据处理等功能。收费站前台对车道上送的业务进行查询和生成报表，对操作员、通行费、通行卡、车流量等与收费相关的业务进行直接的管理和监督。收费站前台系统按收费业务职能的需要分为：监视计算机、财务管理计算机、数据处理计算机和多媒体计算机。前台软件为收费站管理人员提供了主要的操作界面，完成各项管理的功能。

(三)收费中心计算机系统

1. 系统概述

收费管理中心作为全线收费业务的管理核心，和车道相比，收费站和收费中心都是收费系统的管理机构，收费站对车道收费业务进行直接、具体的管理，而收费中心侧重于对全线收费业务的集中、统一和宏观管理，为道路管理者提供决策依据。

2. 系统构成

收费中心主要包括收费机房设备以及供配电设备。收费中心设备主要包括双机热备服务器系统、磁盘阵列、收费管理工作站、IC 卡发行管理工作站、非接触式 IC 卡读写器、激光打印机、视频打印机、以太网交换机(双机热备)、防火墙等。收费系统网络拓扑结构如图 2-4 所示。收费中心各设备功能如下。

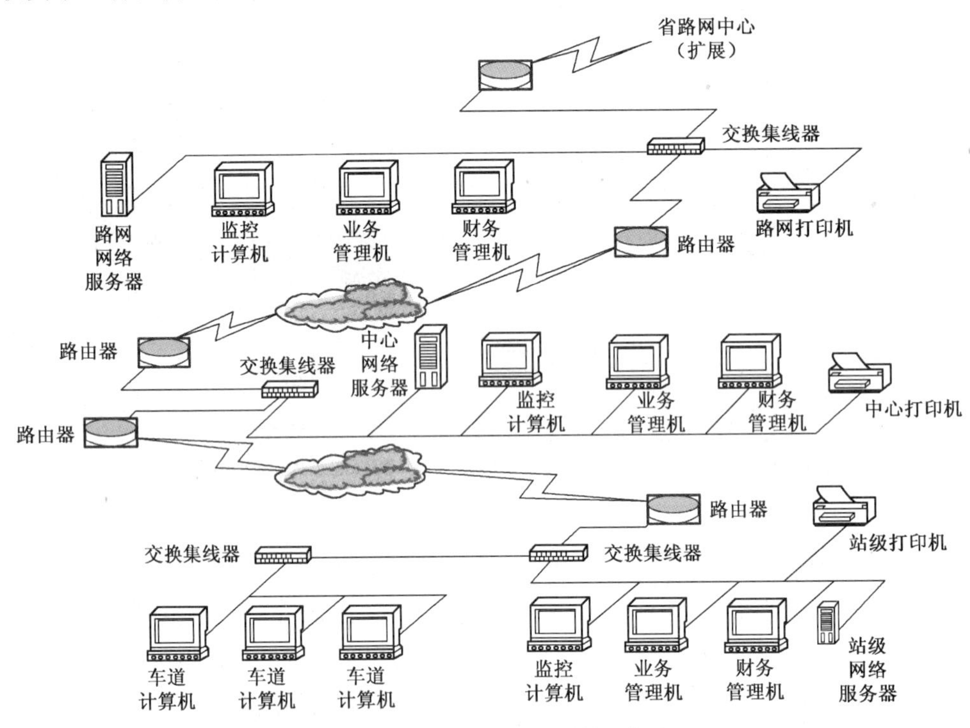

图 2-4 收费系统网络拓扑结构示意图

(1)服务器：安装数据库，实现数据通信、存储、访问等功能，收费中心采用双机服务器+磁盘阵列的解决方案，保证系统可靠性。

(2)收费管理工作站：部署收费中心管理软件，实现对全线收费业务的管理功能。

(3)IC 卡发行管理工作站：部署收费中心 IC 卡发行管理软件，实现路段 IC 卡发行、管理、调配等功能。

(4)非接触式 IC 卡读写器:用于收费中心内 IC 卡发行、读写功能、测试功能等。

(5)打印机:网络打印,实现报表和图形打印功能。

(6)以太网交换机:组网功能,采用双机热备方式,即一台交换机作为主机工作,另一台热备休眠,待主机出现故障时,自动切换副机接替主机工作,保证网络通信畅通。

(7)防火墙:安装在收费中心和监控中心局域网之间,保证网络访问的安全性。

3. 收费中心功能

收费中心收费系统分为收费中心前台与收费中心后台两大部分。前台软件为收费中心管理人员提供了主要的操作界面,完成收费中心的管理功能。后台软件运行在收费中心服务器上,系统自动完成数据的接收、存储、汇总、转发等功能,同时提供菜单界面实现系统的打开、关闭,数据的备份、恢复,脱机数据处理等功能。

(1)收费中心前台系统功能及实现

收费中心前台系统由 3 台职能计算机组成,完成收费业务管理、数据处理、IC 卡管理以及 CCTV 控制等功能,职能计算机通过访问数据库的方式与中心服务器进行信息交换。

(2)收费中心后台系统功能及实现

收费中心后台系统主要是指运行在收费中心服务器上运行的程序,这部分功能都是后台自动实现,无需人工干预,其主要业务功能如下:数据通信功能、数据存储、备份与恢复、数据库管理功能、系统保护功能。

第三节　半自动联网收费系统的设备选用

一、收费车道设备

收费车道是收费系统的基础设施单元,它完成征收路费和采集实时数据两大功能。随着收费方式、收费功能的不同,收费车道设备的配置和功能有很大差别。本节主要介绍半自动收费系统车道设备的选型及要求。

(一)收费车道系统的功能

收费车道的主要功能包括:

(1)按车道操作流程正确工作,并将收费处理数据实时上传收费站计算机系统。

(2)接收收费站下传的系统运行参数(同步时钟、费率表、黑名单和系统设置参数等)。

(3)对车道设备的管理与控制,具有设备状态自检功能。

(4)可保存一个时间段的收费数据,可降级使用,但不丢失数据。

(5)通信中断时,具有后备独立工作能力。

(6)为车辆提供控制信息等。

(7)将各种违章报警信号实时传送到收费站监控室。

(二)收费车道设备简介

由于高速公路收费制式的不同,收费车道设备的配置和功能有很大的差别。开放式收费按车型一次性收费,不需要通行券,车道设备配置重点放在识别车型和准确收费上,并且每个收费车道的设备配置完全一样;封闭式收费需同时确认车型和行驶里程,因而要增加读、写通行券数据和控制信息的能力,设备配置重点为识别车型、读写信息和准确收费。同时,在封闭式收费系统中，由于进出车道的流程不同，所配置的设备也不尽相同。

典型封闭式收费系统出入口车道设备布置图如图 2-5 所示。入口车道负责对进入本站的车辆判别车型，将车辆信息和本站信息（包括车型、入口代码、车道代码、日期时间、收费员工号等）写入通行券中，然后放行车辆。入口车道的硬件设备主要包括车道控制计算机、收费终端、收费专用键盘、通行券读写机、自动栏杆、手动栏杆、车辆检测器、信号灯、对讲设备、声光报警器等。出口车道主要是检验车辆携带的通行券，校核车型并根据它们计算、收取通行费，打印收费票据，放行车辆。因此，出口车道在硬件上除具备与入口车道相同的设施外，还需配备费额显示器、收费票据打印机。

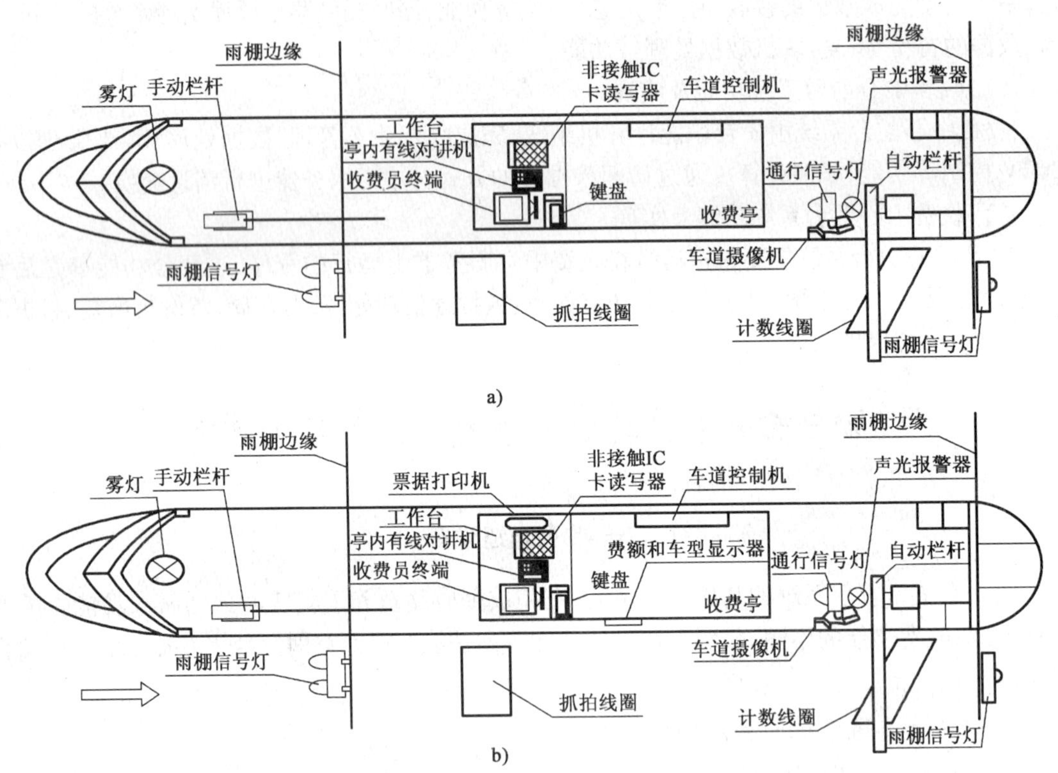

图 2-5　封闭式收费系统车道设备布局

a）入口车道；b）出口车道

收费车道大部分外围设备都与车道控制计算机相连接，受车道控制计算机的控制，车道控制计算机主要通过串口和 I/O 口来实现对这些设备的通信和控制。封闭式收费系统收费车道设备配置及功能见表 2-1。

收费车道设备及功能　　表 2-1

车道设备名称	入口车道	出口车道	设备功能
车道控制计算机	有	有	控制收费过程实时采集数据
收费显示器	有	有	对操作员显示收费过程信息
收费键盘	有	有	收费员操作工具
非接触式 IC 卡读写器	有	有	对通行券进行数据读写
票据打印机	无	有	给用户开出通行费凭证

续上表

车道设备名称	入口车道	出口车道	设备功能
费额显示器	无	有	对用户显示应交通行费数额
顶棚信号灯	有	有	显示收费车道工作或关闭
声光报警器	有	有	异常情况报警
自动栏杆	有	有	以开、闭控制车辆停、离
亭内有线对讲机	有	有	与监控员交流收费信息
车辆通过检测器	有	有	感知车辆通过控制栏杆起落

1. 车道控制机

车道控制机是整个车道收费系统的核心，负责控制所有车道设备的运行、各项收费业务操作的管理以及与收费站计算机的通信和数据交换。它由一台功能很强的工业控制机和各种接口电路组成，控制所有的车道设备，并和站计算机组成局网。每台车道控制机仅负责本条车道所有设备的运行，通过一块数字式输入/输出板控制车道设备，并能够自动检测各设备的运行状态。

车道控制机需要配备各种接口扩展板，至少要有16路数字量I/O板，并具有光电隔离保护以减少雷电及高能浪涌的冲击。此外，还包括与收费站计算机的通信接口、控制外场设备的接口以及键盘、显示器、打印机接口等。通常，把工业控制计算机、外围通信控制电路板、接口板、电源等设备安装在特制的设备机箱内，并把这些设备统称为车道控制机，如图2-6所示。

车道控制机整机由安装了车道软件的高可靠性的工业奔腾计算机（工控机）为主控中心，在收费过程中对各种类型的外设进行监测和控制，并将收费的各种数据以及各种设备的故障和修复情况等信息存储与工控机内，随时通过传输网络向收费站监控中心发送，并接收监控中心的各种指令。其具有以下的功能：

图2-6　车道控制机

（1）收集车道内车辆检测器的信息。

（2）控制车道的执行设备（费额显示器、票据打印机、电动栏杆、VDM）。

（3）完成收费数据的统计、整理、存储，并上传到收费站计算机。

（4）将免费、违章车辆的报警信号实时送到收费站监控室。

（5）通过外接的收费员终端（键盘、显示器），以人机对话的方式完成收费全过程。

（6）接收收费站计算机下发的时钟信息、费率信息和各种命令，向收费站计算机传送收费车道的各种信息。

（7）当通信线路故障或收费站计算机故障时，车道控制机应能独立正常工作，且当故障排除后可将数据传送到收费站计算机。

（8）具有设备状态自检功能。

2. 收费员显示终端

显示终端用于显示收费员在收费过程中所需的信息或提示收费员进行下一步操作。收费员操作界面为WINDOWS图形显示界面，整个显示界面可分为五个显示区域。

（1）工作状态显示区。以字符方式显示当前的日期和时间、车道状态（打开/关闭）、车道号、收费员身份码等信息。

(2)设备状态显示区。以图形方式显示各车道设备的工作状态,如自动栏杆状态、天棚灯状态、通行信号灯状态等。

(3)收费业务处理显示区。显示收费员所选择的车型、应缴金额、收费业务处理状态等信息。

(4)设备维护显示区。在维护模式下显示相应的菜单及有关维护操作信息。

(5)帮助显示区。给予收费员操作提示。

3. 收费员专用键盘

收费键盘是一种专用键盘,它通过标准接口与车道控制机连接。收费键盘是由单独的、可拆卸的组件构成。键开关的接触寿命在正常工作条件下,可达到一千万次操作。键盘本身具有逻辑锁定功能,可以防止错误数据或同时有两个以上键码的输入,因而键盘上的各种键不会因为重复使用而出现错误登记信息。如果收费员按键操作顺序发生错误,车道控制机可发出提示或警告,收费员只有按规定正确操作,才能完成收费过程登记,否则操作无效。键盘的键钮按功能可分为车型分类键、特殊功能键、数字键以及备用键,如图 2-7 所示。

(1)车型分类键:用于键入车型类别,在车型增加时,可增加有效的车型键。

(2)特殊功能键:用于正常收费的各种辅助操作,如上、下班,天棚信号灯启、闭,栏杆的强制开、闭等动作的完成。

(3)数字键:用于键入数字式数据,包括收费员工号、密码及金额等。

(4)备用键:在系统增加收费功能时,可定义有效的按键。

键盘的主要技术指标包括使用寿命、防水及防尘性能、键的合理排列以及平均无故障工作时间等。不同系统的键盘外形、键的种类和数量会有差别。键盘应可以适应较恶劣的操作环境。

4. 非接触式 IC 卡读写设备

非接触式 IC 卡读写机设置在收费操作台上,主要用于读写收费过程的相关数据信息。非接触式 IC 卡读写设备分为读卡机和天线两部分,IC 卡与天线之间的读写距离为 0 ~ 100mm,如图 2-8 所示。该设备在运行状态下,能够自动检测到天线操作范围内的非接触 IC 卡,并且立即上报 PC 机,同时完成 PC 机下发的读、写卡的操作命令,广泛应用于公路收费系统。非接触 IC 卡读写器的主要技术指标包括读写速度、载波频率、读写距离以及通信接口等。

图 2-7 收费员专用键盘

图 2-8 非接触式 IC 卡读写器

5. 费额显示器

费额显示器是向驾驶员显示征费过程信息的设备，它通常被安装在出口收费亭侧窗后部，用来显示车型、应缴金额和剩余金额，如图2-9所示。它也是驾驶员对收费员操作过程的监视手段；若收费员出现差错、作弊等异常情况，驾驶员可据此向管理部门投诉。

费额显示器内部有一单片微处理器控制，通过 RS-422 接口与车道控制机相连，接收车道控制机的命令，显示数据与数据库收费数据保持一致。显示信息要保留一定的时间，直到车辆离开收费亭和自动栏杆。

费额显示器的主要指标包括：视距、视角、亮度通信防尘、防雨、防晒等性能。

6. 票据打印机

出口车道配备票据打印机，用打印票据代替定额票据。票据打印机放置在收费亭的操作台上，收费员收取通行费后，启动打印机打印票据。通行费票据上有两种信息，即预印刷的确定信息和现场打印信息。预印刷的确定信息包括：业主名称、高速公路名称、收费监制单位名称和收据顺序号等；现场打印信息包括：日期、时间、收费员工号、收费站名称、车型代码以及收费金额等。

7. 自动栏杆

自动栏杆是道收费（包括人工收费和半自动收费）所必需的一项车道设施。它被安装在收费岛的尾部，受车道控制机控制而自动起落，用以防止各类违章车辆非法通行。自动栏杆主要由电动机、栏杆臂和反光柱等组成。栏杆臂一般采用高强度玻璃钢杆体，表面有红、白相间的高强度反光材料，如图 2-10 所示。

图 2-9　费额显示器

图 2-10　自动栏杆

自动栏杆可与车道交通信号灯及车辆检测器组合在一起，由车道控制机控制其起落，为了保证在异常情况发生时（停电、栏杆本身故障、机电设备失灵等），仍能进行正常的收费操作，栏杆应能进行手动控制。同时要求停电时，栏杆具有自动升起的功能。

自动栏杆的主要技术指标包括：起/落杆时间、杆长以及平均无故障工作时间等。

8. 车辆检测器

车辆检测器是收费车道必不可少的检测设备。它是收费车道中通过车辆的计数装置，且具有一定的相对独立性，在车辆驶离车道时控制栏杆落下并对通行车辆计数，主要用于统计各收费道口的交通流量。

车辆检测器由环形线圈和控制单元组成，如图 2-11 所示。控制单元除处理检测信息外，应与车道控制机有接口，将检测到的车辆信息送给车道控制计算机，用于统计交通流量，并控制通行信号灯和自动栏杆的工作状态。

线圈式车辆检测器的工作原理是利用铁磁性物体的电磁感应原理来探测车辆。检测器的前端感应部分是一个特殊加工而成的检测线圈，检测线圈埋设于路面下 30 ~ 40mm，并与路面保持平行。线圈通过馈线与检测器相连接，线圈受到检测器的激励下处于谐振状态。如果有车辆通过线圈敏感范围,与线圈发生电磁感应作用,引起线圈谐振特性参数的变化,检测器信号调理电路将此变化量处理后,交与微处理器进行信号采集,微处理器根据采集信号变化规律进行处理运算,即可以得到行驶速度、车辆类型(大型、中型、小型)、道路占有率和车流计数等交通参量。

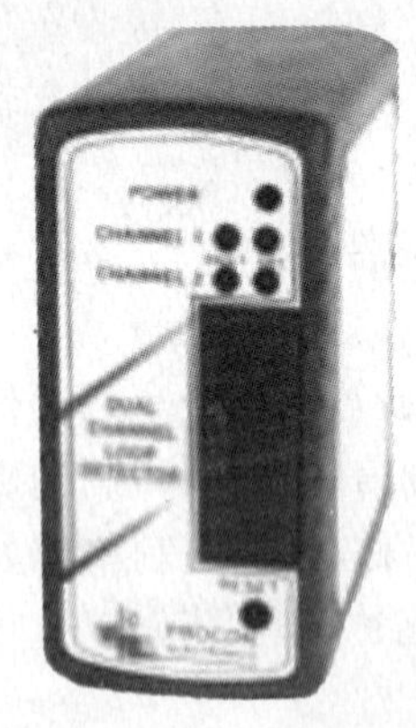

图 2-11 车辆检测器控制单元

收费车道的车辆检测器根据控制功能的不同有入口检测、出口检测、存在性检测等,其工作原理同前述,但技术性能要求不完全相同。入口检测是当车辆进入收费车道,检测环产生一个状态信号给车道控制器,以便驱动其他设备开始工作。出口检测是当车辆离开收费车道时,检测环发出一个状态信号给控制器,表明该处理过程结束,车道将进入下一个循环状态。存在性检测是检测和记录离开收费亭的车辆数。

车辆检测器的主要技术指标包括检测精度、频率范围以及灵敏度等。车辆检测器应可以检测二轮以上的各种车辆。拖挂车通过时应判为一辆,当两辆车相距很近通过检测器时,应判为两辆车。各车道的检测器不互相干扰,金属物体在两车道之间的收费岛上移动时,应不影响检测器的性能和精度。

9. 声光报警器

声光报警器用于非正常收费情况的报警。在高速公路收费系统中,脚踏报警开关可与声光报警器相连,声光报警器又可与矩阵和硬盘录像机相连。当有某路报警信号输入时,声光报警器对应的开关量输出,开关量输出信号接到矩阵就能够相应的切换此路的摄像机,进行录像。

10. 内部对讲机

对讲机为监控楼的监控员与收费员联系的辅助设备。当异常情况发生时,如车型判断不一致、设备出现故障、车辆违章冲卡以及各种紧急情况时,配合车型显示器、实时监控管理计算机,监控员可直接向收费员了解情况,发布语音命令或车道控制命令,对收现场进行实时监控。

对讲机由屏蔽双绞线连接成独立通信子系统,具有点对点、点对多点两种运行模式,监控员可以与某一个或所有的收费员对话,其运行模式由监控员在控制台上切换;收费员使用一个按键向监控员汇报现场情况,接受监控员的指令。对讲机要求具有声音调节功能,便于根据不同的环境调节音量。

11. 顶棚信号灯

顶棚信号灯安装在收费岛顶棚(雨棚)每条车道的入端上方,指示车道的使用状态,方便车辆选择通行车道,提高通行效率。

顶棚信号灯由红色和绿色的一组信号灯组成,用于指示车道的开放和关闭,如图 2-12 所示。红色"×"表示该车道关闭,停止收费操作;绿色"↓"表示该车道开放,驾驶员可以驶入交费。顶棚信号灯为 24h 全天候工作,要求信号亮度高,标识符简洁清晰,可视距离达 100m 以上。在可视条件较差的情况下,如阳光直射、黄昏、雾天、暴雨时,信号标识仍清晰可见。

(三)收费车道系统软件

车道系统是整个系统的基础和主要数据源。收费车道系统要求稳定、可靠、连续运行、控制准确且响应速度快,因此,必须在软件设计采取较为严格的可靠性控制方法,保证车道控制软件不依赖于网络以及外场设备的可靠性和稳定性，同时，应该满足界面友好、操作简便以及高度数据安全性。

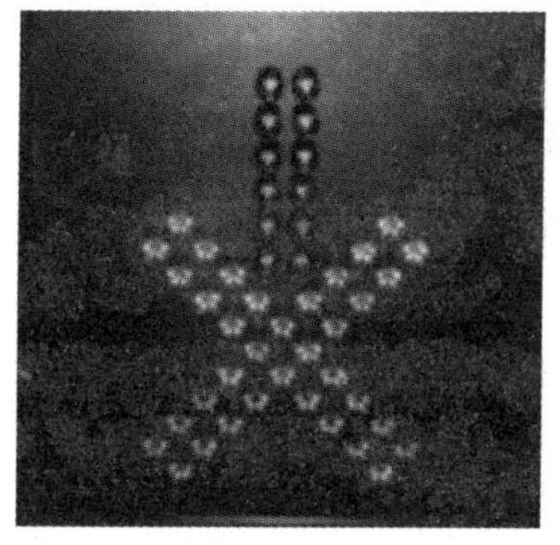

图 2-12　顶棚信号灯

系统具体目标是：确保准确可靠地收费，保证收费原始数据的安全性、一致性、完整性，提高效率，防止漏洞；系统形成整体，保证车辆快速通过，对特殊事件进行有效管理和统计，并有相应措施保证；避免延误，分车型、分里程、分路段正确收费、对账；所有的收费登记必须完整、准确，上报及时，满足收费和交通管理要求。

车道软件的主要功能是完成入口发卡或出口收费业务，收费车道设备完成一次正常的车辆处理业务后，由此而产生的车型、车种、入口时间、入口站名、通行卡号、车道号、收费员工号等信息将存储在车道控制器内，并实时上传给收费站计算机和收费中心计算机。如网络故障不能上传数据，车道控制器可连续存储 40 天的数据，等到网络连通后，系统自动将数据上传收费站计算机和收费中心计算机。

入口车道收费管理完成入口车道收费的过程管理。收费员根据车辆信息，输入有关数据，车道计算机控制相应的外场设备，将有关信息记录，收费原始信息送收费站和结算中心，并能完成特殊事件处理。主要包括以下特殊事件：

(1)免费车辆处理；

(2)紧急车辆处理；

(3)车队处理；

(4)补票(或 IC 卡)处理；

(5)差错处理；

(6)车道开启状态时冲卡处理；

(7)车道关闭状态时冲卡处理。

出口车道收费管理，完成出口车道收费的过程管理。收费员根据通行卡上的信息进行操作，车道计算机自动计费，收费员收款。车道计算机控制相应的外场设备(包括回写 IC 卡)，打印收费票据，将收费原始信息送收费站和结算中心，并能完成特殊事件的处理。特殊事件主要包括以下事件：

(1)紧急车辆处理；

(2)车辆信息不一致处理；

(3)无款处理；

(4)代金 IC 卡现金不足处理；

(5)坏卡处理；

(6)U形转弯处理；

(7)车道开启状态时冲卡处理；

(8)车道关闭状态时冲卡处理；

(9)打错票处理；

(10)拖车处理；

(11)车队处理；

(12)无券(无卡)处理。

二、收费站、收费中心设备

(一)收费站设备及软件简介

1. 收费站的功能

(1)汇总、分类、统计、存储入出口车道的收费和交通量数据；

(2)显示并打印报表；

(3)监视出口车道的收费过程，生成含有车辆外形、可辨认的车牌和收费数据的综合图像并记录；

(4)与收费中心通信，包括向收费中心传送收费业务数据(收入、交通、管理)以及接收收费中下传的系统运行参数(费率表、同步时钟、系统设置参数等)。

(5)票证(收据、定额票)管理与非接触式IC卡的管理，包括对非接触式IC卡的站内调配和非接触式IC卡流失的管理。

(6)提供车道设备工作电源；

(7)可与车道收费员对讲通话，对收费进行指挥。

2. 收费站设备配置

(1)网络服务器

收费站服务器是收费站所有计算机中配置最高的，它不但要存储收费站所有的收费数据、交通量数据、班次管理数据和图像，还负责收费站局域网的网络管理，因此要求专用的服务器。为了安装网络操作系统，收费站服务器内存应足够大；考虑到图像和数据应分开存储，且收费站级至少应存放一个月的数据，服务器最好配有高容量的硬盘和可读写光盘机，用于定期数据备份和人工数据上传。

收费站服务器的主要功能有：实时接收车道的数据和图像等原始收费数据并在数据库中归类保存，数据定期自动备份，记录设备运行情况、故障报警等情况；接收中心数据，发布(转发收费中心)系统指令、时钟、收费费率、口令等。

(2)收费管理计算机

收费管理计算机的选用主要考虑完成各种数据处理、查询、统计和报表打印功能所要求的响应时间，包括对图像数据进行进一步统计查询所需性能的要求，最好选取速度较快的CPU和大存储空间的内存。

收费管理计算机的主要功能有：从服务器数据库中提取数据，并由此统计交通量数据报表，统计业务收入报表，统计收费站工作人员班次管理报表，统计IC卡使用情况，并按要求打印报表等。

(3)图像处理计算机

收费站要完成对车道数据和图像的管理，通常需要配备图像处理计算机。图像处理计算机在存储空间的配置方面,应考虑图像存储占用大量的存储空间这一特点。在接收车道控制计算机发来的图像捕获请求时,通常以串口为主接口,以网络为辅助接口。在检测到报警信息时,还要实时打印相关信息并存储,所以应注意预留所需接口。图像处理计算机应具有较高的分辨率,最好选用大屏幕的显示器。

(4)收费站其他设备

收费站设备配置还包括:网络设备(远程通信路由器、集线器等)、图像记录设备、综合控制台、内部对讲主机等。这些设备在选型时要充分考虑性能价格比和兼容性。

3. 收费站软件

收费站计算机系统应用软件是收费管理的核心,按功能可分为五大模块。

(1)通信模块

数据通信模块主要完成收费站和车道控制机以及收费分中心之间的数据通信。从功能上讲,主要完成收费站收费数据定时或实时的传输,接收分中心下达的指令,传至各收费车道,并将收费站和管理分中心所有的计算机的时间统一为管理中心服务器的时间。

(2)系统监控模块

系统监控模块完成各车道收费过程和设备运行状态的实时监控管理。实时显示收费站各出口车道和入口车道的运行状态(打开、关闭、故障、维修)、流量和收费情况。对于每一条车道,显示内容包括:收费员工号、雨棚信号灯的状态、收费员判定的车型、车辆检测器工作状态、收费站计算机与车道控制器通信状态等。

(3)收费管理模块

收费管理模块完成对收费数据的录入、统计、查询及参数设置和报表打印功能。录入,即对需要进行人工调整及输入的数据表格,实现数据的人工录入,操作应简单、直观、对操作应有相应的提示,数据一经确认后不允许随意修改。统计,即要求对交通流量和通行费收入报表进行统计计算,所有统计的实际计算时间不应过长,应提高统计速度。查询,即能够根据给定的检索条件(车道、班次、收费员、车型等的任意组合)对任意给定时间范围内的数据进行查询。查询结果可进行筛选、汇总、排序等操作,如有需要,应能和图像文件链接。

(4)财务管理模块

财务管理模块完成每日收费款的财务统计和报表,提供与收费站级管理尤其是与财务管理有关的各种报表,主要有入、出口当班表,各种日报表、月报表、年报表等。其次是IC卡的管理,包括卡的调动、卡的发放及回收。

(5)图像处理模块

图像处理模块完成图像处理、合成、记录和检索,其主要功能是审计、稽查数据库中的特殊事件及相应图像。

(二)收费分中心设备

1. 收费分中心功能

(1)汇总、分类、统计、存储各收费站的收费和交通量数据;

(2)显示并打印报表;

(3)与收费中心和收费站通信;

(4)非现金支付卡和各类身份卡的发放和管理。

2. 设备配置

收费分中心主要设备有收费分中心计算机、网络服务器、远程通信路由器、调制解调器、打印机、UPS 以及用于各类身份卡(收费员、维修人员、值班员、站长等)和非现金支付卡(记账卡、预付款卡)的制作和管理的 IC 卡编码机。

(三)收费中心设备及软件

1. 收费中心的功能

收费中心计算机系统安装在收费中心的管理大楼内,其主要功能如下:

(1)收集和处理各收费站计算机系统上传的数据;

(2)统计、查询各类报表并打印输出;

(3)建立全线统一时钟,统一车型分类参数和收费参数表、收费系统人员码表等,并通过收费站计算机系统将有关运行参数下传到收费车道;

(4)IC 卡编码管理(包括通行卡、公务卡、身份卡)和通行卡的调度;

(5)数据库的管理和数据备份;

(6)全线预付账户及预付卡的管理;

(7)对车道工作情况实时监视,处理入、出口车道发生的特殊事件(如车型或车种不符、废票请求等);

(8)收费系统的网络管理等。

2. 设备配置

收费中心的主要硬件设备有网络服务器、远程通信路由器、网络管理工作站、监视工作站、财务工作站、POS 工作站(预付卡管理)、IC 卡管理工作站、UPS 管理计算机、打印机、IC 卡读写器等。

收费中心的设备选型要注意满足以下要求:网络服务器应具有高可靠性和高存储能力,支持自动重新引导、磁盘支持热插拔、具有热插拔冗余电源、热插拔冗余风扇,以保证数据的可靠性;系统具有双机热备份系统、高性能数据备份系统和重要部件的冗余设计,以保证整个系统长时期不间断的运行。

3. 收费中心软件

收费中心软件的操作界面为 WINDOWS 风格,界面友好,操作简便。收费中心软件包括财务管理软件、收费监视软件、网络管理软件、POS 机管理软件、IC 卡管理软件及报表软件等。

(1)财务管理软件

收费中心财务管理软件主要功能是提供与中心级管理尤其是与财务管理有关的各种报表,主要是各种收费站级报表的汇总,如日报表、月报表、年报表等,其次是 IC 卡的管理及全线收费站级财务软件运行参数的管理。

(2)收费监视软件

收费中心监视软件的功能主要是监视和查询。系统根据中心服务器的数据,统计出整个收费系统的交通量数据并显示出来;显示全线各站和车道的通信状况及车道的运行情况;对车道发生的特殊事件进行处理,并显示报警信息;实时查询 IC 卡所在的位置。

收费中心监视软件主要构成模块及其功能如下。

①交通量监视模块:监视工作站定期从服务器提取各站上传的收费信息和车辆通过信息进行加工处理,统计出中心交通量信息,并显示出来。

②通信状态监视模块:监视工作站定期和各站服务器进行实时通信,以便确定通信线路是否正常,并显示出来。

③收费业务监视模块:监视工作站定期从服务器提取各站上传的收费信息和车辆通过信

息进行加工处理,统计出当前收费信息,并显示出来。收费员可通过系统实时的查询全线各站各车道的收费业务情况。

④IC 卡查询模块:当需要查询 IC 卡信息时,只需输入要查询的 IC 卡的卡号,系统将检查所有已登录的 IC 卡,并显示出该卡的信息。

⑤参数设置模块:通过参数设置,可以显示指定车道的报警。

⑥实时报警模块:通过实时通信模块获取车道报警信息,将其实时显示出来,并处理车道发生的特殊事件。

(3)网络管理软件

收费中心网络管理软件的主要功能包括对整个收费系统的参数表进行管理以及实施系统所需要的辅助功能。网络管理程序负责维护收费系统所需要的各种系统参数表(如通行费费率表、旅程时间表、授权员工表等),以及对系统参数表数据的增加、修改和删除。

网络管理系统所维护的系统参数表被保存在位于收费中心的服务器上的数据库中,由收费站服务器接收,在各收费站和车道使用。系统的辅助功能主要包括运行参数的拷出和收费数据的备份、恢复及整理。

(4)POS 机管理软件

收费中心 POS 机管理软件的主要功能是管理预付卡,包括预付卡的发售与充值、预付卡的挂失和更换、预付卡的查询和各种报表、黑名单的维护及一些系统维护功能(如备份和恢复黑名单、备份和恢复预付卡明细表、清空数据库等)。

(5)IC 卡管理软件

收费中心 IC 卡管理软件的主要功能是对所有 IC 卡编码、存档、登记,然后发放非接触 IC 卡通行卡、IC 身份卡、IC 公务卡和 IC 月票卡以及对非接触 IC 卡黑名单进行管理。用于生成、更新、注销卡箱和 IC 卡记录;查询每个卡箱、IC 卡的当前和历史使用状况;生成关于 IC 卡管理的各种报表。

阅读材料

计算机网络基础知识

一、计算机网络概述

1. 计算机网络的概念及功能

将地理位置不同,并且具有独立功能的多个计算机系统通过通信设备和线路连接起来,以功能完善的网络软件实现网络中资源共享的系统称为计算机网络系统,简称计算机网络。其中,资源共享是指在网络中的各计算机用户均能享受网络内部其他各计算机系统中的全部或部分资源。

计算机网络经历了一个从简单到复杂,从低级到高级的发展过程,这个过程可分为四个阶段:具有通信功能的单机系统、具有通信功能的多机系统、计算机通信网络和计算机网络。今天的计算机网络具有通信功能和资源共享功能,并因其高数据传输率、低误码率而被广泛应用于各个领域。计算机网络具有以下几方面的功能:数据传输功能,资源共享功能,集中管理功能,综合信息服务功能等。

2. 计算机网络的分类

(1)按拓扑结构划分

将通信网抽象为一个几何图形,常称为网络拓扑。计算机网络的拓扑结构,主要是计算机网络中通信子网的拓扑结构。常见的拓扑结构有:星形结构、树形结构、总线型结构、环形结构、点到点部分连接的不规则结构、点到点全连接结构,如图 2-13 所示。不同的拓扑结构其信道访问技术、性能、设备的开销等各不相同,分别适用于不同的场合。

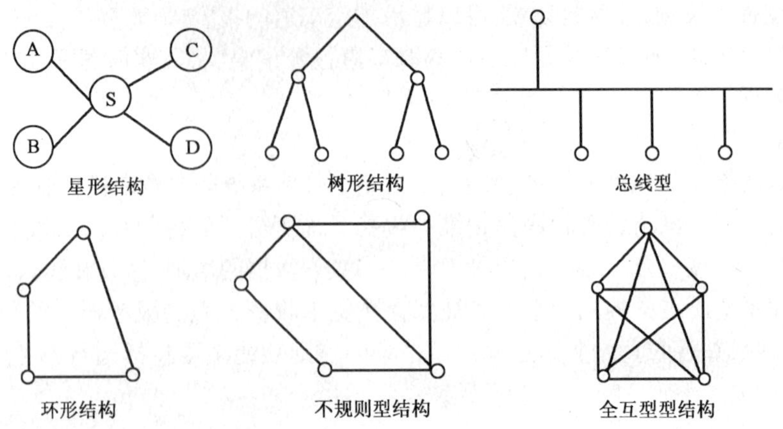

图 2-13　计算机网络拓扑结构图

(2)按通信介质划分

根据通信介质可分为有线网和无线网。有线网指采用同轴电缆、双绞线、光纤等物理介质来传输数据的网络;无线网指采用卫星,微波等无线形式来传输数据的网络。

(3)按网络的作用范围划分

按分布距离的长短划分网络能够反映网络的技术本质,根据计算机的分布距离,由近及远,可将计算机网络分为局域网(LAN)、城域网(MAN)和广域网(WAN)。局域网的范围通常为几米到几十公里;城域网的范围介于广域网和局域网之间;广域网的范围一般为几十到几千公里。

3. 计算机网络体系结构

(1)网络体系结构

为了完成计算机间的通信合作,把各个计算机互联的功能划分成定义明确的层次,规定了同层次进程通信的协议和相邻层之间的接口服务。所谓网络体系结构就是计算机网络各层次及其协议的集合。

网络协议是为了进行计算机网络中的数据交换而建立的规则、标准或约定的集合。协议总是指某一层协议,准确地说,它是对同等实体之间的通信制定的有关通信规则约定的集合。网络协议的三个要素是语义、语法、定时。

层次结构的好处在于使每一层实现一种相对独立的功能,便于交流、理解和标准化。层次结构的要点如下:除了在物理媒体上进行的是实通信之外,其余各对等实体间进行的都是虚通信;对等层的虚通信必须遵循该层的协议;n 层的虚通信是通过 $n/n-1$ 层间接口处 $n-1$ 层提供的服务以及 $n-1$ 层的通信(通常也是虚通信)来实现的。层次结构一般以垂直分层模型来表示,如图 2-14 所示。

图中所示的一般分层结构中,n 层是 $n-1$ 层的用户,又是 $n+1$ 层的服务提供者。$n+1$ 层虽然只直接使用了 n 层提供的服务,实际上它通过 n 层还间接地使用了 $n-1$ 层以及以下所有各层的服务。

(2)计算机网络参考模型

由于不同厂家推出的网络体系结构有各自不同的分层，使网络产品很难互联，为此，国际标准化组织(ISO)提出了一个标准化开放式计算机网络层次结构模型，即开放系统互联(Open System Interconnection,OSI)基本参考模型，又称ISO/OSI参考模型。“开放”即能使任何两个遵守参考模型和有关标准的系统进行互联。

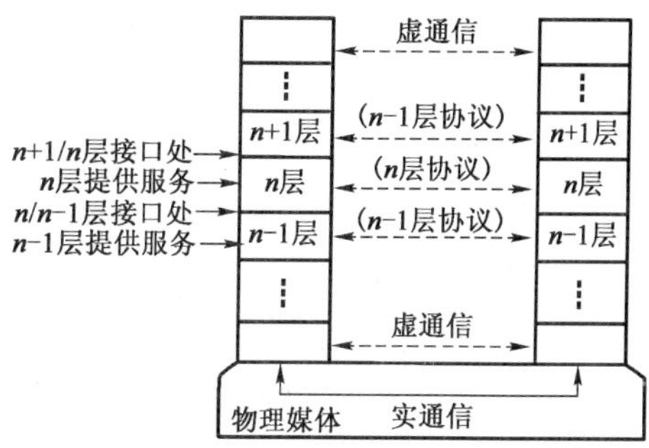

图2-14 计算机网络的层次模型

OSI包括了体系结构、服务定义和协议规范三级抽象。OSI的体系结构定义了一个七层模型，用以进行进程间的通信，并作为一个框架来协调各层标准的制定；OSI的服务定义描述了各层所提供的服务，以及层与层之间的抽象接口和交互用的服务原语；OSI各层的协议规范，精确地定义了应当发送何种控制信息及何种过程来解释该控制信息。需要强调的是，OSI参考模型并非具体实现的描述，它只是一个为制定标准机而提供的概念性框架。在OSI中，只有各种协议是可以实现的，网络中的设备只有与OSI和有关协议相一致时才能互联。

如图2-15所示，OSI七层模型从下到上分别为物理层(Physical Layer,PH)、数据链路层(Data Link Layer,DL)、网络层(Network Layer,N)、运输层(Transport Layer,T)、会话层(Session Layer,S)、表示层(Presentation Layer,P)和应用层(Application Layer,A)。

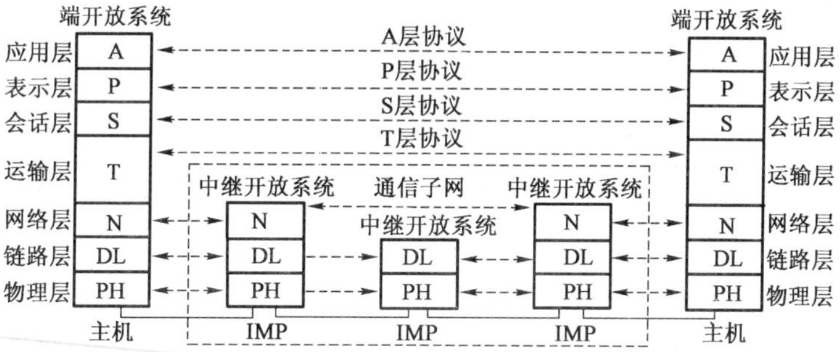

图2-15 ISO/OSI参考模型

从图2-15中可见，整个开放系统环境由作为信源和信宿的端开放系统及若干中继开放系统通过物理媒体连接构成。这里的端开放系统和中继开放系统，都是国际标准OSI 7498中使用的术语。通俗地说，它们变相当于资源子网中的主机和通信子网中的节点机(IMP)。只有在主机中才可能需要包含所有七层的功能，而在通信子网中的IMP一般只需要最低三层甚至只要最低两层的功能就可以了。

二、网络传输媒体及网络设备简介

1. 网络传输媒体

传输媒体是通信网络中发送方和接收方之间的物理通路，传输媒体的选择极大地影响着通信的质量，下面介绍几种常用的网络传输媒体。

(1)双绞线(TP)

双绞线由螺旋状扭在一起的两根绝缘导线组成。双绞线抗干扰性较强，可用于模拟或数字传输。双绞线一般分为非屏蔽双绞线(UTP)和屏蔽双绞线(STP)两种。

计算机网络中最常用的是3类和5类非屏蔽双绞线。对于局域网(10BASE-T和

100BASE-T 总线),3 类双绞线传输速率可达 10Mbps,5 类双绞线传输速率可达 100Mbps 传输速率可达 10M～100Mbps,但与距离有关。

(2)同轴电缆

同轴电缆由绕同一轴线的两个导体所组成,具有较高的抗干扰能力,其抗干扰能力优于双绞线,同轴电缆具有较宽的可用频带,被广泛用于局域网中。

同轴电缆可分为基带同轴电缆和宽带同轴电缆。基带同轴电缆仅用于数字传输,阻抗为 50Ω,数据传输速率最高可达 10Mbps。宽带同轴电缆可用于模拟信号和数字信号传输,阻抗为 75Ω,带宽可达 400MHz,运行长度可达 100 km。

(3)光纤

光纤由能传导光波的石英玻璃纤维外加保护层构成。光纤具有宽带、数据传输率高、抗干扰能力强、传输距离远等优点,已被广泛用于通信系统。按使用波长区的不同分为单模光纤和多模光纤通信方式。

传输媒体的选择取决于以下诸因素;网络拓扑的结构、实际需要的通信容量、可靠性要求、能承受的价格范围。

2. 网络设备

(1)网卡

网卡又称网络适配卡,是计算机互联的重要设备。网卡与网络程序(网络操作系统)配合操作,控制网络上信息的发送与接收。网卡按速度分为 10M 和 10M/100M 自适应,按总线类型分为 ISA、PCI 和 EISA 网卡,分别用于不同的总线结构。一般在服务器上使用 PCI 或 EISA 总线的智能型网卡,工作站上可用 PCI 或 ISA 总线的普通网卡。

(2)网络集线器(HUB)

HUB 实质上是一个多口的中继器,它工作在 OSI 参考模型的最低层物理层。基于普通集线器的网络仍然属于共享介质的局域网络。一个 HUB 通常有 8 个以上的连接端口,每个端口相对独立,即一个端口的故障不会影响其他端口的状态。

(3)交换机

交换机实质上是一个具有流量控制能力的多口网桥,它工作在 OSI 参考模型的链路层,主要功能是解决共享介质网络的网段微化,即碰撞域的分割问题。交换机的每个端口都提供专用的带宽,它把每个端口所连接的网站分割为独立的 LAN,每个 LAN 成为一个独立的冲突域。交换机还是一种存储转发设备,通过直通方式、无碎片直通方式、存储转发方式来发送信息。

(4)网络互联设备

网桥:工作在数据链路层,在两个局域网段之间存储、转发数据链路帧。它把两个物理网络连接成一个逻辑网络。网桥能实现不同类型的 LAN 互联。利用网桥可以实现大范围局域网的互联,可以隔离错误帧,可使各个 LAN 段内部信息包不会广播到另一个 LAN 段,可进一步提高网络的安全性。

路由器:工作在网络层,它把网关、桥接、交换技术集于一体,其最突出的特性是能将不同协议的网络视为子网而互联,更能跨越 WAN 将远程 LAN 互联成大网。它与网桥的根本区别是:它是面向协议的设备,能够识别网络层地址,而网桥只能识别链路层地址或称 MAC 地址。故路由器的功能为:在网络间截获发送到远地网络段的网络层数据报文并转发,为不同网络之间的拥护提供最佳的通信路径、子网隔离,抑制广播风暴,生成和维护路由表,可进行数据包格式转换，实现不同协议。

网关：是网络层以上的互联设备的总称，通常由软件来实现，在网络层或以上实现不同体系的网络互联。

网络互联设备的选择：对网络互联设备的选择要视设备的具体特点与网络的性能而定。如中继器、集线器主要用于扩展网络的距离，但受 MAC 定时特性的限制。网桥用于连接两个相同体系的网络。用路由器连接的网络仍保持各自的网络地址。网关用于连接不同体系结构的网络。各种网络互联设备的应用层次及作用见表 2-2。

网络互联设备 表 2-2

OSI 层次	互联设备	作用	寻址功能
物理层	中继器、集线器	在电缆段间复制比特，放大电信号，扩展网络长度	无地址
数据链路层	网桥、交换机	在 LAN 之间对存储转发数据链路帧	MAC 地址
网络层	路由器	在异型网络间存储转发分组	网络地址
传输层及以上	网关	在第四层或第四层以上实现不同网络体系间互联接口	

三、局域网概述

1. 局域网的特点

局域网技术是当前计算机网络技术领域中一个非常重要的分支，其特点为：范围有限，用户个数有限，仅用于办公室、工厂、学校等内部网络；高传输速率和低误码率；传输介质较多，既可用通信线路（如电话线），又可用专门的线路（如同轴电缆，光纤，双绞线等）。局域网侧重共享信息的处理，广域网侧重共享位置准确无误及传输的安全性。决定局域网特征的主要技术有：连接各种设备的拓扑结构、数据传输形式、介质访问控制方法。

2. 局域网标准 IEEE 802

IEEE 802 标准是美国电气电子工程师协会（Instigate of Electrical and Electronic Engineer，简称 IEEE）为局域网制定的一系列标准。它遵循 ISO/OSI 参考模型的原则，解决最低两层（物理层和数据链路层）的功能及与网络层的接口服务、网际互联有关的高层功能，但把数据链路层分为逻辑链路控制 LLC 子层、介质访问控制 MAC 子层，使数据链路功能中与硬件有关的部分和硬件无关的部分分开，降低研制互联不同类型物理传输接口数据设备的费用。

3. 局域网介绍

（1）以太网

以太网是最早的局域网，也是目前最常见、最具有代表性的局域网。它的核心思想是使用共享的公共传输信道。传统的以太网有：粗缆以太网 10BASE-5、细缆以太网 10BASE-2、双绞线以太网 10BASE-T。它们的传输速率都为 10Mbps，采用的是争用型媒体访问控制协议，在轻载的情况下具有较高的网络传输效率。

交换式以太网以常规以太网络为基础，为每个节点提供了专用的以太网连接，在网段上确保 10Mbps 的传输性能。其优点是可以保留现有以太网的基础设施，以太网交换机具有各类广泛的应用。

快速 100BASE-T 以太网是将 10Mbps 以太网经过改进后在 100Mbps 下运行的一种快速以太网，因此也是一种共享介质技术。千兆以太网允许以 1000Mbps 的速度进行半双工和全双工操作，使用 10BASE-T 和 100BASE-T 技术。快速以太网给工作站和服务器带来的好处是增大了吞吐量，可以安全的增加网络上的负载。

(2)光纤分布式数据接口(FDDI)

光纤由于其优越的特性,在数据通信中得到了越来越广泛的应用。用光纤作为网络介质的 LAN 技术主要是光纤分布式数据接口(FDDI)。FDDI 是一种高性能的光纤令牌环 LAN,运行速度为 100Mbps。使用多模光纤,站间距离可达 2km;而使用单模光纤可使站间距离超过 20km。

FDDI 可以按与任何 802 局域网同样的方式使用,并且由于它的高带宽,还可以作为网络的主干,并对铜线介质局域网进行互联。

(3)宽带网与光纤网

宽带网常采用总线或树形拓扑结构。因使用模拟信号,传输距离可达数十千米,比一般基带网仅仅传输几千米的范围大。由于宽带网有多个信道,容易支持数据、语音、图形和图像信号同时在电缆上传送,满足办公自动化的需要,因而宽带网将成为局域网发展与研究的主要方向之一。

由于光纤传输数据的频带宽,使得光纤在网络的应用上有了很大的发展,并成功的应用于远程通信和电话系统。光纤局域网的结构有光纤环网、无源线性总线光纤网、无源星耦合光纤网和有源星耦合光纤网。

项目三　计重收费系统集成方案设计

第一节　计重收费系统项目概述

随着国民经济的发展，我国高速公路已初具规模，为了避免和减少超限车辆对高速公路路面和桥梁结构的破坏，2000 年 3 月，交通部颁布的关于超限车辆管理的 2 号令《超限运输车辆行驶公路管理规定》，规定对通过的超限车辆进行必要的执法处理，以有效的保证桥梁和路面的使用寿命。2005 年 12 月，交通部颁布了关于计重收费的指导意见《交通部关于计重收费指导意见修改稿》，对计重收费的指导思想和具体实施细则作了明确的规定。

在国内的高速路领域内收费统采用的方式有很多：单站式、联网收费、计重收费、不停车收费等。计重收费是一种建立在联网收费基础上，采用更新的收费设备和技术的一种科学的计重收费方式。计重收费管理系统是利用设置在收费车道入口处的称重系统，得到通过的车辆的重量等信息，再由收费计算机根据相应费率对通过的货车实行计重收费。

一、项 目 概 况

以湖南省高速公路计重收费系统为例，该收费系统于 2007 年 6 月 1 日零点起正式开通，对载货类（含客货两用）汽车按重量征收通行费。同时，湖南境内目前尚有 7 条（段）高速公路暂不实行计重收费。对于收费实行计重，大部分货运驾驶员表示能够理解并接受。

目前，湖南境内开通计重收费的路段共有 8 条（段）高速公路，分别为临长高速公路、长永高速公路、长潭高速公路、潭耒高速公路、耒宜高速公路、衡枣高速公路、衡大高速公路、潭邵高速公路，涉及 65 个收费站、243 条收费车道，计重收费车道如图 3-1 所示。而长潭西线、长沙绕城高速、长沙机场高速、莲易、长益、益常、常张等 7 条（段）高速公路暂不纳入本次计重收费系统实施范围。计重收费标准见表 3-1。

图 3-1　计重收费车道

计重收费标准 表3-1

项目		收费计重标准
基本费率		0.08元/(t·km)
正常装载部分	正常装载部分≤10t	0.08元/(t·km)
	10t < 正常装载部分≤40t	从0.08元/(t·km)线性递减到0.04元/(t·km)
	正常装载部分 > 40t	0.04元/(t·km)
超限装载部分	超限率≤30%	超限部分按照基本费率计算
	30% < 超限率≤100%	超限0～30%(含30%)的部分按照基本费率计算,其他部分按基本费率的3倍线性递增到6倍计算
	超限率 > 100%	超限0～30%(含30%)的部分按照基本费率计算,其他部分按基本费率的6倍计算

二、建设目标

超限车辆是公路部门管理的难点。收费站推行电子计重收费管理系统,湖南省众多的收费站就形成治理超限车辆的整体网络,使超限(载)车辆无处可逃,达到综合治理,标本兼治,维护运输市场的公平竞争秩序。计重收费系统的主要目标是:

(1)根据车辆载重进行收费,尽量做到收费公平合理;

(2)根据2000年交通部2号令《超限运输车辆行驶公路管理规定》及其补充条款控制超限运输;

(3)杜绝少收、漏收和营私舞弊行为,保证公路营运者运取得最大的经济效益和社会效益;

(4)减少出入口的收费手续,提高收费的工作效率,最大限度地降低由于收费过程引起的交通延误,提供公路的通信能力;

(5)与交通监测系统配合,提供交通流量数据;

(6)对收费金额、票据、车型与重量等信息完整、准确的统计,并能帮助进行财务分析和预测,实现智能化的财务管理;

(7)为智能运输系统的实现留有一定接口。

第二节 计重收费系统方案设计

一、系统构成

收费车道是车辆进行发卡、缴费的专用车道,不同于一般的通行道路,因而有着其特殊性,车辆排队、高速通过、制动、加速、减速等现象极为普遍。动态称重系统的构成和工作流程是确保系统设计成功的关键。

系统由2块动态弯板式传感器、1个线圈、1套红外线车辆分离器、1个轮胎识别器和1个中心处理器构成。各设备功能如下:

(1)动态弯板传感器主要完成车轴的称重、速度检测、轴型判断等工作。

(2)红外线车辆分离器用来进行车辆的分离及提供开始、结束等信号。

(3)线圈主要用来完成测速、倒车的检测,并与红外线分离器一起对非车辆以外的物体或人通过时的判断，减少出错。

（4）轮胎识别器主要用来检测通过车辆每轴的轮胎数。

（5）中心处理器用来处理来自于各传感器的信号、计算数据，把相关数据通过通信方式送给收费计算机。

（6）数据分析软件包为称重系统配套使用，可按用户要求实现数据分析、统计查询和打印报表等功能。输出检测信息为：

a. 轮重
b. 轴重
c. 轴组重
d. 总重
e. 车速
f. 轴距
g. 车型（按轴排列分型）
h. 车道号和行驶方向
i. 日期和时间
j. 数据记录序号
k. 总轴距
l. 标准轴载（当量轴次）
m. 车辆加（减）速度
n. 违例代码

系统构成如图 3-2 所示。

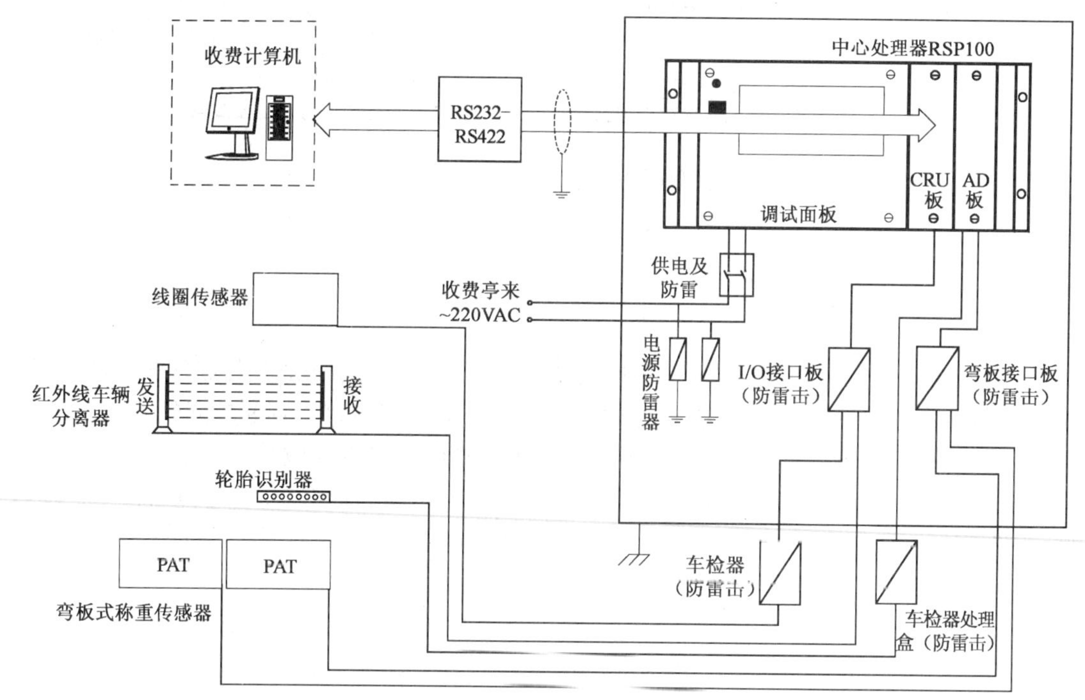

图 3-2 自动称重系统构成图

二、系统布置方案

系统采用前置式布置方式，即在收费前进行检测。根据我们国家汽车技术规范，货车的长度应不大于 18m，因而为保证在车辆到达收费亭前完成检测，应适当延长收费岛的长度，同时考虑便于规范驾驶员通过称重设备时的车辆控制，建议收费岛前端到收费亭中心线的距离为 28 ~ 36m。主要原因如下：

车辆驶入收费车道时，刚完成一系列的拐弯、加减速等动作，车辆处于不平稳状态，较易增加误差因素，因而建议传感器安装在至少进入收费车道5m以上的距离处；传感器距离收费亭中心线的距离应大于20m，但考虑不同驾驶员的习惯问题，应适当延长该区域，设计距离为22m左右。

每个车道使用两块弯板，采取交错放置的方式，其前方装有一个线圈，弯板后方装有一个轮胎识别器，弯板前沿处的收费岛上装有红外线车辆分离器，称重处理器机箱装在收费岛上，如图3-3所示。

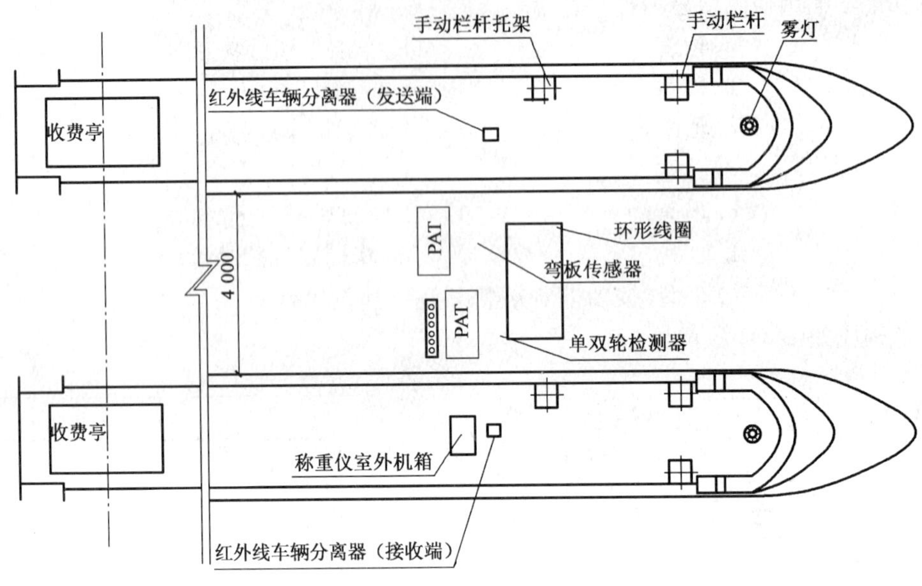

图3-3　自动称重系统布置图

三、系统工作原理

当系统进入工作状态，开启岛前栏杆机，车辆依次进入。当车头遮挡住红外线车辆分离器时，启动称重和单双轮检测装置，对通过的车轴进行检测，称量重量、判断单双轮、轴型、速度、轴距，当车辆尾部离开红外线车辆分离器后，一次工作结束，经设在收费岛上的中心处理器处理计算，形成收费系统所需的完整的车辆称重信息，包括车辆的轴重、轴组重、整车重、轴型、车型、车速、车辆超限标志、时间等信息数据，经通信线路上传给收费计算机。如通过的车辆超限，系统启动收费车道超重报警灯。

本系统中所设计的线圈，主要是与红外线分离器共同工作，以防止当有人通过红外线分离器时产生误动作。同时线圈检测车辆速度，并判断是否有车辆倒出已进入的称重车道称重区域。

四、系统工作流程

称重系统前置安装于收费车道的入口和出口，是一个完整的、可以独立工作的子系统，收费车道前检测，车辆的行驶情况变化较多（加速、减速、倒车），称重系统与收费软件是以一辆车为一个流程，因而要求不仅应能够处理各种情况，而且必须确保准确获取每一车辆的数据，确保两者间的数据一一对应。

系统设计中已充分考虑到与收费软件的无缝连接，车道称重系统准确检测每一辆车，将车辆数据以先进先出（FIFO）的排队方式在控制器中保存（可保存10组数据），根据收费系统的请求，依次发送车辆数据，收费软件再进行一一对应，完成后续报警等工作。如果万一出现不对应的情况,收费系统可对称重系统缓冲区进行处理,实现对应复位。自动称重系统工作基本流程如图 3-4 所示。

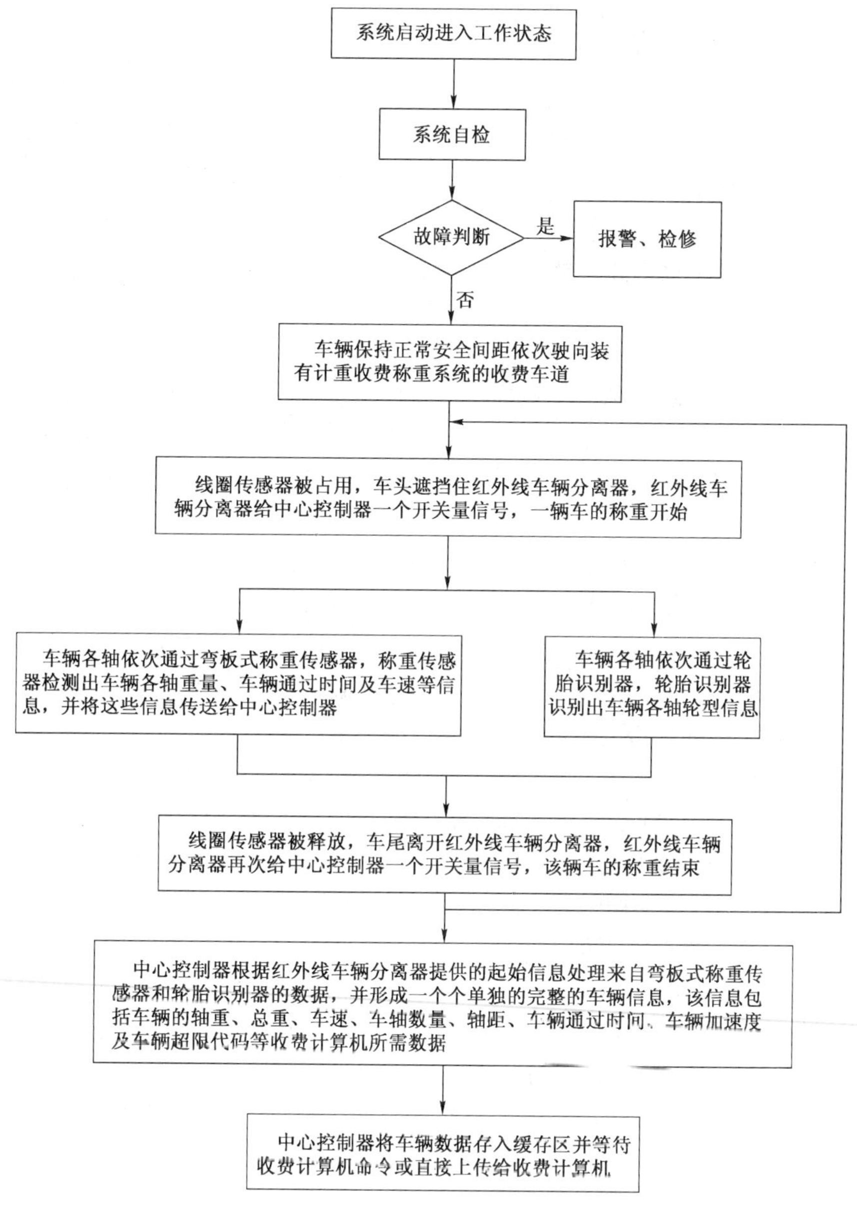

图 3-4　自动称重系统工作流程

第三节　计重收费系统主要设备选用

一、称 重 设 备

(一)计重收费对收费车道内称重设备的要求

计重收费是根据通行车辆的载重情况来进行收费,所以称重设备是计重收费的关键设备,

这就要求收费车道内的称重设备必须具备以下几个方面的功能:

(1)合理的称重精度与良好的稳定性;

(2)对轴型(轴组型)、轮型具有准确的判断能力;

(3)具有可靠的收尾监测能力;

(4)安装简单方便,易于维护。

(二)技术难点

(1)动态称重设备的精确度

由于根据车辆的轴重/轴组重及总重进行收费,所以设备必须要有较高的精度才能体现公平的原则。国内动态称重技术起步较晚,目前基本都是采用比较容易达到较高精度的传统机械式机构称重平台。

(2)收费站的车流量较大,对称重设备有的要求较高

在一个车流量较大的收费站,一个车道一天最多可通过3 000~4 000辆。这样,一年该车道最多可通过150万辆。以一套设备预计使用8年计算,需要抵抗1 200万辆汽车的冲击。这对称重设备提出了极高的要求,机械结构称重传感装置一般在反复冲击下很难保证这么长的使用寿命。

(3)收费站的车辆行驶情况极为复杂,车辆排队、高速通过、制动、加速等现象极为普遍,这些现象给称重设备带来了两个技术难点:一是车辆行驶状态对称重结果有较大的影响。国内设备一般是采用低速称重设备(速度范围为0~10km/h),在车辆速度较高或有加减速时无法获得准确的称量结果。二是车辆行驶时的加减速会对称重设备造成较大的冲击力,机械式结构的称重设备在这些冲击力的影响下寿命会急剧缩短。

(4)收费站的环境比较恶劣。称重设备一般安装在收费大棚以外,因此,车辆尾气、风、霜、雨、雾、污物、杂物等都会加速称重设备的腐蚀。机械式结构称重设备一般采用钢材作为主要原材料,对其防腐措施必须加强,需要经常进行表面的防腐处理,这会对交通造成较大的影响。

(5)在雨水较多的地区使用时,灰尘和雨水混合形成的淤泥有可能对称重设备的使用造成较大的影响。机械式结构称重设备主称台和基础之间无法采取密封措施,雨水较多的使用环境下,很快就会在称台下面留存较多的淤泥,这对称重设备的影响极大,必须定期进行清理工作。一般机械式称重设备体积重量都较大,清理工作必须有大型吊装设备配合,这会影响收费站的正常工作,还大大增加了维护的资金投入。

(6)计重收费系统一般是在现有收费站基础上加以改造,对设备施工有较高的要求机械式称重设备由于必须有较大的力量传递装置,所以设备体积较大,基础深度一般在0.5m左右,开挖施工工作较大,而且设备一般需要采用钢筋混凝土施工,施工时间较长,施工费用较大。

(三)采用弯板称重技术的主要原因

(1)采用弯板称重技术的高速称重设备在高速公路上的应用已经有了长时间,技术十分成熟,在其基础上进行少量设备调整即可满足计重收费系统的要求。弯板传感器具有高精度的特点,其精度可以完全满足计重收费的要求。

(2)弯板传感器是一种整体式传感器,无机械式取力结构,车辆通过时完全从传感器上通过,车轮压力直接作用于传感器之上,因此有着极长的使用寿命,保持着使用近30年传感器仍处于良好特性曲线的世界纪录。以国内第一套动态称重站(南京长江第二大桥动态称重系

统)为例,南京长江二桥设计为双向六车道,车流量较高的车道通过的车辆至今应不少于400万辆汽车,其弯板传感器至今使用效果良好。

(3)弯板称重技术为高速称重技术,其使用速度范围为0~200km/h,在其基础上改进的中低速称重设备能较好的满足收费站使用环境技术要求。高速动态称重系统有着极宽的允许速度范围,对车辆各种行驶状态都进行了完善的修正。弯板传感器继承了高速称重系统的这一优点,并对其在低速使用环境下的精度进行了进一步提高,因而更适合在收费站环境下使用。此外,弯板传感器的抗冲击特点也能更好的抵抗收费站各种行驶状态的车辆对称重设备的巨大冲击。以南京长江第二大桥为例,该桥为高速公路桥,在称重设备安装的位置车辆速度一般保持在时速80km/h左右,其对称重设备的冲击是极大的,这也证明了弯板称重技术可以更好地适用于收费站的使用环境。

(4)弯板外层采用硫化橡胶完全密封,这是机械式称重设备难以比拟的,有着极高的抗腐蚀特性。弯板传感器极宽的温度范围也完全可以满足收费站的使用环境,在国内外都有恶劣使用环境下成功的案例。

(5)弯板传感器为整体式传感器,设备为全密封安装,完全杜绝了因淤泥对设备正常使用的干扰。传感器(传感装置)可以免维护,大大降低了设备的维护费用。

(6)弯板传感器的基础较浅,安装时只需在原有的路面开挖10cm深的安装槽,施工简便、快捷,并且在以后的路面维修时施工方便,成本较低。

弯板传感技术也有一定的缺点,主要是价格偏高,初期投入较大。这使公路管理部门在资金运作方面有较大的困难。收费公路的设计收费年限一般在15年以上,采用弯板传感技术基本上可以满足其使用年限,可以减少再次的设备投入费用。可以说是一次投入,终身受益。另外,机械式称重设备每3个月清理维护一次、每次清理维护费用以2 000元计算,15年总共清理45次,总计清理维护费用需要近9万元,这也是一笔很大的开支。

(四)弯板整体式传感器的特点

(1)使用特殊的合金材料,解决了非周期性交变应力产生的疲劳损伤问题,使用寿命>10年,交通领域中其产品的应用年限已超过25年。

(2)合理的弯板交错放置,可解决车辆排队、完全倒车、不完全倒车等常见问题。

(3)称重时速度范围为0~40km/h,最大允许通过速度为200km/h。

(4)使用弯板式称重传感器,行车方向的宽度为508mm,可完整纪录车轮通过时的重量信号曲线,是真实的检测,不同于条状传感器使用的间接检测方式;不仅确保100%称量置信度,不会出现丢轴和多轴现象,并且可检测到车轮动态、静态以及加速、减速等指标,从而为在速度变化的情况下准确测量提供了有利保证。

(5)特有的动静态自动称重处理技术,确保车辆车轮在传感器上进行动静态转换时也不会出现误判。

(6)由于使用了整体式弯板传感器,无机械结构,免维护,避免了车辆通过时所带来的冲击对机械结构的损坏导致车辆无法通行及日常大量的检修、维护、保养工作。

(7)弯板传感器安装简单,传感器厚度为23mm,安装在钢制支架中,在现有路面上即可切割浅槽,支架直接浇入路面中,无需大工作量的开挖基础。

(8)弯板传感器由于采用的是整体式传感器技术,并经专有硫化橡胶表面密封技术处理,防水、防尘(该传感器是目前所有计重收费产品中唯一能做到持续浸水300h仍能正常工作的传感器),排水和电缆管道均容易布置。

(五)弯板传感器的主要技术指标

尺寸:	1 250×508×23(mm)	1 750×508×23(mm)
重量:	81kg	114kg
额定载荷(每轴):	30t	
过载能力(每轴):	150%	
速度范围:	0~40km/h(测量)	
	0~200km/h(允许通过速度)	
温度范围:	-30~+80℃	
湿度范围:	0~95%	
连续浸水时间:	>300h	
防护等级:	IP67	

二、中心控制器

中心控制器(RSP)是整个系统的控制装置,负责处理称重传感器和线圈送来的信息,经过分析和处理得出车辆的载荷信息。根据上级计算机的要求传送车辆载荷信息,并控制相应的报警装置,如图3-5所示。

图3-5 中心控制器

RSP100中心处理器采用欧洲总线结构设计,含有AC/DC电源转换板、CPU处理板、AD转换板、弯板接口板、I/O接口板,以及防电涌、防雷和防电磁辐射的装置。采用多层防雷保护设计,整个RSP100安装于一个双层钢制机箱内机箱中,内机箱气密级防护,能有效避免空气潮湿及温度变化的影响。外机箱的设计充分考虑到了野外工作的恶劣环境,采用封闭式无散热孔设计,既考虑了散热,又考虑了防止老鼠等小动物的入侵。机箱防护等级为IP65,所有电缆接入处都采用了PG模式,进行防水、防尘措施。RSP100有一个用于系统参数设定的串行接口,可以用便携式计算机或手持终端进行参数设定、数据下载和即时数据显示,如连接调制解调器可远程控制。其特点如下:

(1)采用多CPU技术,具有处理速度快、性能可靠、维护方便等特点。

(2)CPU板采用32位CPU,速度快,信息处理量大。

(3)称重平台传感器信号处理板自带CPU,在系统繁忙时保证了采样和信号处理的速度,从而保证了整个系统的称重精度。

(4)PAT专有的称重处理软件技术保证了车辆在车道内的各种不规则行驶对称重数据的影响控制在精度要求范围内。

(5)可根据要求提供各种通信方式和接口。

(6)电子部分和所有接口均专门设计了防雷保护,保证了野外施工的安全。

(7)RSP可以用220VAC/50Hz供电,也可以用太阳能供电,或者用可充电电池供电。

其主要技术指标如下。

控制箱外部尺寸: 外机箱1 250×760×450(mm)
内机箱400×300×260(mm)

重量: 45kg

温度范围: -30~ +80℃

湿度: 0~95%,无凝结

供电方式: 220VAC±10%,50Hz

防护等级: IP65

三、车辆分离器

1.工作原理

车辆分离器是自动车型分类系统中的一个重要设备,其主要作用就是将通过的每一辆车分离开,正确的区分正常车辆和带拖车的车辆,给车型自动分类系统提供准确的信息,确保分类精度。

车辆分离器由红外线发射器组和红外线接收器组组成,发射和接收一一对应,分别垂直地竖立在收费车道两旁,如图3-6、图3-7所示。它发射出几十束平行的红外线光栅(光栅间隔不大于38mm),凡是相连接的车辆(如拖车),其连接物(直径大于40mm)都会遮挡部分光束(距地500~1 100mm范围内),从而发出整车信号。为防止相互干扰,红外线发射源应采用几组发射频率并错位使用,以提高检测精度。

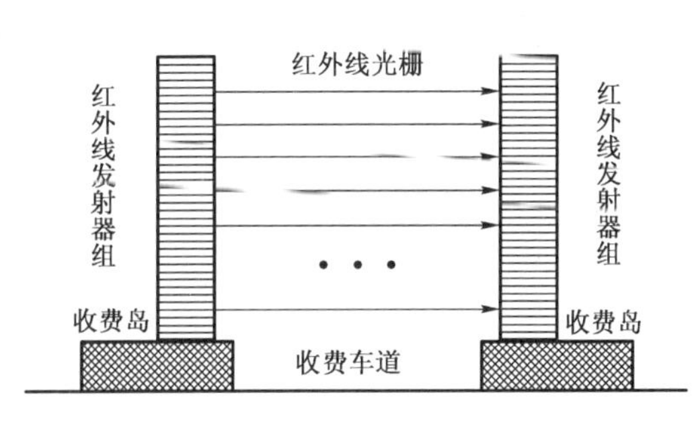

图3-6 车辆分离器检测原理图1

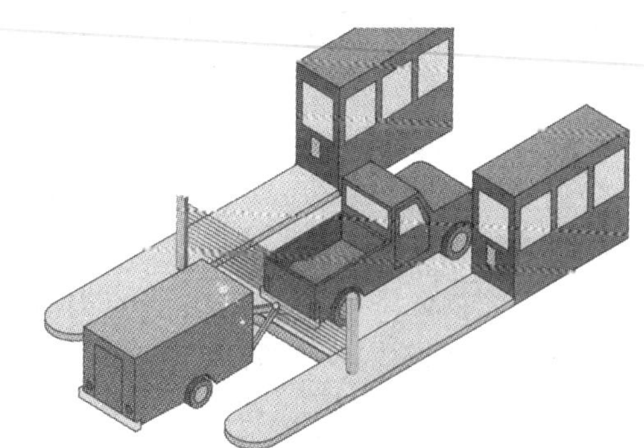
图3-7 车辆分离器检测原理图2

2.产品特点

(1)安全消除跟车现象,将半挂车、全挂车、单车可靠分离,保证称重检测数据与车辆的一一对应关系。

(2)车辆分离扫描模式为高速同步逐行扫描模式(每束光50μs),可完全消除各种强光和电磁干扰。

(3)使用环境温度可以达到：-40～+80℃，最大相对湿度95%(50℃时)，防护等级为IP65，在高寒和炎热地区使用稳定可靠。

(4)可以通过串口设定触发继电器输出的开启和关闭尺寸，如设定车辆分离器。只有当大于100mm的物体进入时，继电器输出被触发；该触发一直保持，只有当所有光束全部导通时，该输出才关闭。

(5)当玻璃窗上有污泥、过多灰尘、光电管故障等问题时，该产品可以自动探测出故障，并忽略(屏蔽)这些有问题的光束，仍然保持正常工作，同时输出报警信号，提醒客户尽快消除故障原因；一旦故障原因被解除，系统又自动回到正常工作状态。

(6)特别的设置，使车辆分离器可靠检测拖车挂钩，但可以忽略雪化、石块、昆虫或飞鸟的干扰。该测量光幕可确保某些交通量大、称重车道通过车辆较多的收费站的称重检测数据与车辆的一一对应关系。例如：

①两辆车之间间隔较近，同时在称重区域内行驶

光栅传感器检测范围为一个断面，其检测角度很小，这样，在车辆通过时可以检测出很小的物体，因此，车辆距离较近时仍能将其分离。

②车辆排队，有车辆停止于称重区域

车辆分离主要通过光栅来完成，车辆停止于称重区域时光栅始终被遮挡，因此不会造成影响。

③挂车通过称重区域

在车辆分离模式中，当有15cm或更长的光幕被遮挡，光栅输出；当所有的未被遮挡时，输出才中断。光栅在此模式下最小分辨为4cm，挂车的连接部分均远大于4cm，因此可以正确判断挂车。

④拖车通过称重区域

光栅发射端最高高度1600mm，高于拖车连接梁高度(1400mm左右)，故不会将拖车分为两辆车。

⑤凝霜、结雾

光栅罩带有加热玻璃，完全可以消除冬季玻璃上凝霜、结雾现象。

3. 主要技术指标

检测高度：1200mm

光束间距：43mm

扫描时间：每束光50μs，200μs处理时间，扫描时间不包括串口数据传输时间

最小检测物体尺寸：标准模式：53mm；双倍扫描模式：40mm

扫描检测模式：同步逐行高速扫描

串口输出：RS485协议(用户选择)

继电器输出1：车辆检测输出，NPN，150mA30VDC最大

继电器输出2：故障报警输出，NPN，150mA30VDC最大

电影要求：24VDC±20%

电缆：标准接插件电缆10m，防电磁干扰屏蔽线

温度范围：-40～+80℃

防护等级：NEMA4，12，IP65

四、线　　圈

线圈在计重收费称重系统中主要应用于配合红外线分离器检测车辆的出现、控制称重过程的开始和结束、检测是否有车辆倒出收费车道、统计、车辆分类等。线圈传感器安装于动态称重传感器的前方，为称重系统提供车辆的信息。PAT 的线圈传感器可以通过软件设定线圈的频率范围和灵敏度，可以方便和有效调整灵敏度，防止相互干扰。主要技术指标如下：

尺寸：	1 000 ×2 000(mm)
温度范围：	-30 ~ +80℃
湿度范围：	0 ~99%
速度检测范围：	1 ~200km/h
电缆长度：	50m(可扩展到 150m)
频率范围：	50 ~ 200kHz

五、轮胎识别器

采用多个压式传感器并排布置组成，间距较密，测量准确性高。其工作原理是：传感器上表面略高于地面，轮胎经过时，传感器产生压力信号，经过对信号的放大、数模转换后，经软件判断，来确定是单轮还是双轮。主要技术指标如下：

检测宽度：	普通车道	1 100mm
	超宽车道	1 500mm
传感器间距：	100mm	
检测精度：	100%	
量程：	1T	
激励电压：	5 ~15V	
极限荷载：	150%	
破坏荷载：	300%	
温度范围：	-30 ~ +80℃	
湿度范围：	0 ~95%	
防护等级：	IP67	

阅读材料

关于收费公路试行计重收费的指导意见

根据《公路法》、《收费公路管理条例》、《国务院办公厅关于进一步加强车辆超限超载工作的通知》(国办发[2005]30 号)、交通部等七部委《印发关于在全国开展车辆超限超载治理工作的实施方案的通知》(交公路发[2004] 219 号)以及八部委《关于印发 2005 年全国治超工作要点的通知》(交公路发[2005]89 号)的有关规定和要求，为进一步完善车辆通行费的计量方式，降低合法运输车辆的运输成本，在总结各地实践经验的基础上，现就收费公路对载货类机动车(以下简称货车)试行计重收费提出如下指导意见。

一、指导思想和基本原则

长期以来，我国收费公路一直以车辆核定装载质量为依据，按照车型分类的方式收取车辆通行费。多年的实践证明,这种收费方式存在着一定的弊端:一是货车普遍"大吨小标",以偷逃国家规费;二是由于收费方式与车辆实际重量没有直接的关系,客观上形成运输车辆"超得越多赚得越多"的超限超载经济利益驱动;三是阶梯式车型分类收费,使得货车数量在1.99t等局部区间的过于集中,造成货运车辆结构不合理;四是不能真正反映车辆对公路的占有和使用程度。为此,从2004年以来,江苏、安徽、河南、山东、青海、四川等省市,已经先后在部分收费公路上开展计重收费试点工作,并取得了初步成效。目前实施计重收费的范围正在快速扩大。但由于各地的做法与实施模式不尽统一,个别地方甚至借机变相提高收费标准,带来一些负面反响。因此,调整和完善现有车辆通行费的征收方式,制定统一的收费公路试行计重收费的指导意见,规范和指导各地的计重收费工作,是很有必要的,也势在必行。

(一)收费公路试行计重收费的指导思想:以科学发展观为指导,按照建立和完善社会主义市场经济体制的要求,对现有车辆通行费征收管理方式进行调整和完善,建立公平、合理、科学的车辆通行费征收方式,通过经济手段消除车辆超限超载运输的利益驱动,适当降低合法运输业户的运输成本,规范货运市场经济秩序,保护公路桥梁,保障交通安全畅通,促进交通事业健康发展。

(二)收费公路试行计重收费应遵循以下基本原则:

公平合理原则。综合考虑车辆对公路的使用和破坏因素,对行驶收费公路的载货类机动车,按照实际测量的车货总质量收取车辆通行费,使车辆的通行费支出与其对公路的磨损程度成正比关系,真正体现"多用路者多交钱、少用路者少交钱"的要求,确保车辆在交纳通行费上的公平合理。

鼓励运输业户合法装载原则。试行计重收费,要充分体现鼓励合法运输、打击超限超载运输的目的。确定计重收费的费率标准时,要保证守法的道路运输经营者的收费标准和运输成本适当降低,以保护其合法利益。

不增加社会总体负担原则。试行计重收费不能以增收为目的,应确保实施计重收费后总体收费水平与现行收费水平基本持平,不得增加社会总体负担。

引导发展原则。要通过车辆通行费征收方式的调整和优化,利用经济杠杆,对国家鼓励发展的推荐车型和多轴大型车辆给予适当的通行费优惠,用政策引导货运车辆发展,优化货运车辆结构。

渐进试行、稳步推进原则。实施计重收费涉及面广,影响大,特别是涉及广大人民群众的经济利益,因此,计重收费的试行和推广必须要积极稳妥,循序渐进。要制订周密详实的实施方案,分阶段实施,逐步扩大实施范围,逐步加大收费调节系数,以确保政策调整的平稳过渡和社会的稳定。

二、实施范围

经省级人民政府同意的收费公路,方可对按照国家规定应当缴纳车辆通行费的所有载货类机动车试行计重收取车辆通行费。

三、主要措施及政策界限

(一)重新核定试行计重收费后新的车辆通行费基本费率。

1. 试行计重收费将改变过去依据车辆核定装载质量和车型分类来收取车辆通行费的做法,并以实地测量的车货总重量为依据计重收取车辆通行费。车辆通行费的计量方式和计量单位都发生变化。因此,对于试行计重收费的省份,各省级交通主管部门要会同同级物价、财政部门,在原按车型分类费率标准的基础上,结合本地实情,重新确定试行计重收费的收费公路车辆通行费的基本费率标准，并报省级人民政府批准。

2. 各省、自治区、直辖市在确定计重收费基本费率标准时，要符合以下原则和要求：

（1）确保本省级行政辖区内计重收费基本费率标准和单位的统一。高速公路和封闭式收费公路的基本费率标准以元/（t·km）计；开放式收费公路的基本费率标准以元/（t·车次）计。

（2）确保按照新的费率标准试行计重收费后的初期，总收费额与原有收费水平持平，不出现大的波动。严禁借机提高收费标准。

（3）确保正常装载的合法运输车辆的通行费收费标准在原收费标准的基础上有所下降。

（4）确保空车、轻车的总体收费水平明显下降。

（5）对于车货总重超过20t的合法装载的重车，要确定合理的收费系数，逐步降低其车辆通行费收费标准，以鼓励多轴大型车辆发展。

（6）对超过公路承载能力的运输车辆，要科学合理的确定收费系数，逐步提高车辆通行费收费标准，以体现其对过度使用公路的合理补偿。

（二）根据车辆车货总重合理计算确定车辆通行费收费标准（具体按照附件给出的公式计算确定车辆通行费）。

1. 正常装载的合法运输车辆（以下简称“正常车辆”）行驶试行计重收费的公路时，其车辆通行费收费标准可按如下要求计算确定：

高速公路和其他封闭式收费公路：

以收费站实际测量确定的车货总重为依据，小于20t（含20t）的车辆，按基本费率计算确定车辆通行费收费标准；20～40t（含40t）的车辆，20t及以下部分，其费率按基本费率计收，20t以上的部分，其费率按基本费率线性递减到基本费率的50%计收；大于40t的车辆，20t及以下的部分，其费率按基本费率计收，20～40t的部分，其费率按基本费率线性递减到基本费率的50%计收，超过40t的部分按基本费率的50%计收。

开放式收费公路：

以收费站实际测量确定的车货总重为依据，小于20t（含20t）的车辆按基本费率计算确定车辆通行费收费标准；20～40t（含40t）的车辆，20t及以下部分，其费率按基本费率计收，20t以上的部分，其费率按基本费率线性递减到基本费率的80%计收；大于40t的车辆，20t及以下的部分，其费率按基本费率计收，20～40t的部分，其费率按基本费率的100%线性递减到基本费率的80%计收，超过40t的部分，其费率按基本费率的80%计收。

2. 超过公路承载能力的车辆行驶试行计重收费的公路时，其车辆通行费收费标准可按如下要求计算确定：

总轴重超过该车对应的公路承载能力认定标准30%以内（含30%）的车辆，暂按正常车辆的基本费率计重收取车辆通行费。

总轴重超过该车对应的公路承载能力认定标准30%～100%（含100%）的车辆，该车车货总重中符合公路承载能力认定标准的重量部分以及超出公路承载能力认定标准30%的重量部分，按正常车辆的基本费率收取车辆通行费；超过公路承载能力认定标准30%以上的重量部分，按基本费率的3倍线性递增至6倍计重收取车辆通行费。

总轴重超过该车对应的公路承载能力认定标准10 000以上的车辆，该车车货总重中符合公路承载能力认定标准的重量部分以及超出公路承载能力认定标准30%的重量部分，按正常车辆的基本费率收取车辆通行费；超过公路承载能力认定标准30%～100%的部分重量，按基本费率的3倍线性递增至6倍计收通行费，超过公路承载能力认定标准100%以上的部分重量，按基本费率的6倍计重收取车辆通行费。

3. 对于前款确定的3～6倍基本费率递增调节系数，6倍为最大基本费率调节系数值，为确保试行计重收费工作的平稳过渡，各省、自治区、直辖市可根据本地的实际情况，先确定一个小于6大于4的最大基本费率递增调节系数值，分步实施，逐步统一。即，在明确的过渡期内，先执行3倍至确定的最大基本费率递增调节系数值，待条件成熟后，过渡到3～6倍基本费率递增调节系数。

（三）统一并明确公路承载能力认定标准。

根据《公路法》以及国家有关法规规定，在公路上行驶的车辆的轴载质量应当符合《公路工程技术标准》（JTG B01—2003）及《道路车辆外廓尺寸、轴荷及质量限值》（GB 1589—2004，以下简称GB 1589国标）的要求。根据GB 1589国标的规定，在试行计重收费的公路上行驶的货车如超过如下认定标准，则被视为已超过公路的承载能力。

1. 车辆的轴载重量（简称轴重）认定标准：

单轴（每侧单轮胎）7t；单轴（每侧双轮胎）10t；

并装双轴（每侧双轮胎）18t（每少2个轮胎减4t）；

并装三轴（每侧双轮胎）24t（每少2个轮胎减4t）。

2. 车辆的车货总重认定标准：

三轮货车2t；

低速货车（四轮且最高设计车速小于70km/h）4.5t；

二轴货车17t；

三轴货车25t（由二轴汽车和一轴挂车组成的汽车列车为27t）；

四轴货车35t（空气悬架、轴距≥1 800mm为37t）；

五轴货车43t；

六轴及六轴以上货车49t。

3. 当车辆各轴对应的轴重认定标准之和与该车对应的车货总重认定标准不一致时，以二者之间的较小值者作为该车对应的公路承载能力认定标准。

试行计重收费的公路，以实地测量的车货总重作为收费的依据。同时，按照轴重与总重相结合的方式，根据实际测量的各轴轴重之和（即车辆的实际车货总重），与该车对应的公路承载能力认定标准的比较情况，核定汽车是否超过公路承载能力。

（四）规范称重设备的安装，加强其使用管理。

1. 对联网收费的高速公路和其他封闭式收费公路，称重设备应统一安装在收费站的出口车道上，并在安装称重设备的前方设置必要的车辆减速装置。

2. 计重收费的称重设备应采用公开招标的方式集中采购，所选用的称重设备的质量和精度符合国家有关部门的规定。

3. 在试行计重收费的过程中，要加强对称重设备使用情况的监督检查，按照有关规定定期对设备进行维护，以确保设备的正常运行。特别是要会同计量部门，对称重设备定期开展检测和校正活动，以保证称重设备的精度。

（五）加强试行计重收费公路的治超执法力度，正确处理计重收费与治超执法的关系。

开展治超执法是为保护公路而对行驶公路的超限超载车辆进行卸载、处罚和严厉打击，是法律授权的行政行为。试行计重收费则是对收费公路通行费收费方式的调整和完善，是政府授权的经济行为。试行计重收费、改变车辆通行费的收费方式和费率标准，能够降低合法运输车辆的收费标准，增大违法运输车辆的运输成本，通过经济和价格手段，消除超限超载运输的利益驱动，从而进一步鼓励守法运输，遏制超限超载运输行为。因此，各省、自治区、直辖市要正确处理好计重收费与治超执法的关系。

一方面，要确保计重收费与治超执法同时开展，相互促进。在收费公路试行计重收费的同时，要加大治超执法工作力度，对发现的超限超载违法车辆，要依法严管，坚持卸载、劝返并严厉处罚，遏制其行驶公路，以保护公路完好，保证交通畅通。绝不能因为试行计重收费而弱化治超执法工作，同时也不能因为治超执法而忽视研究计重收费工作的试行推广工作。

另一方面，要合理布局计重收费站点与治超检测站点，实现计重收费与治超执法互动互补。试行计重收费的省份要逐步建立治超长效机制，在试行计重收费的公路的省际交界间、重要入口处等源头位置，设置必要的治超检测站点，构建治超执法监控网络，对进入路网的超限超载车辆实行长期有效的监控和治理。同时，对于逃避执法检查，通过绕行、冲卡等手段擅自进入收费公路的车辆，通过提高收费的方式，进行经济调节，形成治超经济调节监控网络，从而实现从行政、经济两个方面对超限超载车辆进行双重监控。

（六）加强对试行计重收费公路的养护监管，明确公路经营企业的责任和义务。

收费公路试行计重收费后，县级以上各级交通主管部门要严格按照《公路法》、《收费公路管理条例》等法律法规的要求，做好通行费征收方式调整、改革和过渡工作，加强对收费公路的监管力度，特别是加强对公路养护质量的监督检查，督促公路经营企业依法履行好公路养护、水土保持、通行服务、保障畅通等职责。公路经营企业要自觉接受有关行政主管部门的监督检查，积极配合交通主管部门做好车辆通行费征收方式的调整与改革、路政管理和超限超载治理等公路保护管理工作。同时还应将提高违法车辆通行费收费标准所增加的车辆通行费收入主要投入公路养护与保护工作。

四、实施步骤

（一）加强组织领导，由政府牵头、协调交通、物价、财政、公安等有关部门，形成工作合力。实施计重收费涉及面广、情况复杂，必须按照“政府领导、部门分工、联合行动”的原则，加强组织领导，及时研究、协调和解决试行过程中出现的问题。

（二）制定实施意见并由省级人民政府颁布实施。为了保证计重收费试行工作能够积极、稳妥、有序地开展，各省级交通主管部门在正式试行计重工作之前，应当组织有关部门深入调研、论证，并在反复听取意见的基础上，参照本指导意见，制定符合本地区实际情况的实施意见，并报省级人民政府批准后组织实施。

（三）加强宣传教育，特别是做好事前宣传工作。试行计重收费工作直接涉及广大运输业户的利益、社会反响大。因此，在正式试行计重收费前，要高度重视并大力开展宣传工作。一是要制定系统的宣传计划，将宣传工作贯穿于试行计重收费工作的全过程；二是在正式启动计重收费前，要保证用 1 个月以上的时间集中开展宣传工作，要加强与新闻媒体的联系与沟通，通过开辟报纸专栏、组织专家访谈、系列报道等形式，向社会各界广泛宣传相关的政策措施，为试行计重收费工作营造良好的社会氛围；三是要深入源头宣传，强化路面宣传。要在计重收费公路的入口处、公路沿线、收费站口、服务区以及交通站（场）等地方，张贴公告、悬挂横幅、涂设标语、发放宣传资料，使广大运输业户能够了解、理解、接受、支持计重收费工作；四是要向社会公布咨询投诉电话，及时掌握有关信息，并为群众释惑解疑，协调解决试行工作中出现的有关问题。

（四）先试点后推开。实行计重收费是一项复杂的系统工程。在正式启动计重收费前，应先选择条件具备的收费站，安装、调试计重设备和计重收费软件，进行试运行或模拟运行一段时间。通过试运行和模拟运行，一方面加强对收费管理人员的业务技能培训，同时对所制定的计重收费实施方案、收费系数、费率标准以及安装的系统和设备进行检验和调试；另一方面也能够强化对过往驾驶员的宣传教育，确保计重收费试行得以平稳、顺利推进。

（五）试行计重收费要区域联动、集中启动。一是已经联网收费的收费公路试行计重收费时，要力争联网区域内的所有收费公路同时实施和启动计重收费工作。二是结合治理公路“三乱”、治超、运输市场秩序整顿等专项整治工作，会同公安、物价、财政、纠风等有关部门集中启动计重收费工作。三是实施计重收费的省份要加强与周边省市有关部门的联系与沟通，争取实现区域内同一公路联动试行计重收费。跨省区域不能够联动的，也应当相互衔接，相互沟通，共同做好政策宣传、交通组织等工作。

（六）制订试行计重收费应急预案。要按照“保障畅通、确保稳定、逐步过渡、顺利推进”的原则，制订试行计重收费应急预案。一是在试行计重收费的同时，在一定时期内保留收费站原有收费系统，或者提前明确通行费征收的备用方案，一旦计重收费系统出现故障无法正常运行时，要及时启动原有收费系统或备用方案，以确保收费工作的有序开展；二是在试行计重收费的初期，要在收费站部署一定的公安、交通执法人员，一旦出现人为堵塞交通或者其他群体性突发事件，要立即启动预案，协助公路经营企业维持正常的交通秩序和收费秩序；三是试行计重收费的收费站，要建立向交通、公安部门信息报告机制，及时报告出现的有关突发性事件的有关信息，同时定期报告过往车辆的超限超载运输情况，并配合交通、公安部门开展的超限超载治理工作。

（七）分步实施，积极稳妥地做好相关的配套工作。各地在试行计重收费过程中，要充分考虑本地区实际情况，制订长期的、分阶段推进的工作方案，积极、稳妥、有序地开展收费公路试行计重收费工作，避免出现大起大落的不利局面。一是在计重收费试行范围上，各省、自治区、直辖市应先在高速公路上试行。待高速公路计重收费工作基本平稳后，再在其他收费公路上试行计重收费工作；二是在确定最大基本费率递增调节系数时，要充分考虑本地区超限超载运输车辆比例的实际，以及运输业户的心理承受能力，分阶段选用并逐步加大最大基本费率递增调节系数；三是进一步加大普通公路治超工作的执法力度，同时组织引导有关部门和村民群众在农村公路的入口等位置上设置必要的限宽、限高装置，防止大量超过公路承受能力的超限超载运输车辆绕行、破坏普通公路和农村公路。

项目四　不停车收费系统集成方案设计

第一节　不停车收费系统项目概述

当交通量达到一定水平时，人工收费或半自动收费方式会越来越不适应交通发展的需要。如果高速公路上收费站分布过密，则道路网的道路通行能力就不能充分发挥，收费站也因车辆排队交费成为道路的一个个瓶颈。扩大收费站规模、增加收费车道以缩短排队长度，也只是权宜之计，况且还会带来征地与土建方面的诸多问题。在这种情况下，采用不用现金支付通行费，而利用先进的电子手段，使车辆不需要停车就可以缴纳通行费的电子收费系统就成为高速公路发展的迫切需要。

在 20 世纪 80 年代，西方工业发达国家的不停车收费技术获得重大突破。20 世纪 90 年代初陆续引入我国，并在我国经济和交通发达地区，如广东、北京等地使用。实践证明，电子不停车收费系统适用于开放式和封闭式两种收费制式，它将为高速公路收费管理开创一个崭新的局面。

一、不停车收费系统概述

1. 不停车收费系统的定义与特点

不停车收费系统（又称电子收费系统，Electronic Toll Collection System，简称 ETC 系统）是以现代通信、电子、自动控制、计算机网络等高新技术为主导，实现车辆不停车自动收费的智能交通子系统。该系统通过路侧天线与车载电子标签之间的专用短程通信，在不需要驾驶员停车和其他收费人员采取任何操作的情况下，自动完成收费处理全过程。

不停车收费系统优势显著，它将彻底改变半自动收费的窘迫现状，其特点主要表现在以下几个方面。

（1）减少交通拥堵，提高道路通行能力

采用电子收费技术将大大提高收费路口的通行能力，减缓收费站的瓶颈作用。调查数据表明，使用无障碍专用车道的高速 ETC 系统，其通行能力为人工收费车道通行能力的 5 ~ 7 倍。

（2）减少交通污染，保护环境

车辆对环境造成的污染主要是在车辆加速和减速的过程中所排放的尾气，而在传统的收费方式下，车辆必须在收费口经过减速、停车和加速来完成路费支付的过程。应用电子收费系统，车辆无需速度的变化，以固定车速通过收费口就可以实现路费的支付，从而减少交通污染，有效地保护大气环境。

（3）提高收费工作效率，促进道路收费规范化发展

ETC 系统采用电子货币支付方式，避免了收费工作人员与驾驶员的直接接触过程，极大地提高了道路收费的工作效率，可杜绝人为费额流失，有利于道路收费的规范化。

（4）具有交通数据采集功能

当车辆通过收费口时,电子收费系统在电子支付的过程中自动进行车辆信息及车辆出行信息的数据采集。这些数据一方面为公安部门提供车辆监控信息,另一方面为城市规划、交通管理者提供准确的车辆出行 OD 数据及路口和路段交通流数据。

2. 不停车收费系统构成

ETC 系统主要由 ETC 收费车道、收费站管理系统、ETC 管理中心、专业银行及传输网络组成。根据分工的不同,ETC 系统又可分为前台和后台两大部分。前台以车道控制系统为核心,完成对过往车辆车型的判别,收费信息的采集与处理,并实时传送给收费站管理子系统。后台由收费站管理系统、ETC 管理中心和专业银行组成。ETC 管理中心是 ETC 系统的最高管理层,既要进行收费信息与数据的处理和交换,又要行使必要的管理职能,它包括各公路的收费专营公司、结算中心和客户服务中心。后台根据收到的数据文件在公路收费专营公司和用户之间进行交易和财务结算。配有多台功能强大计算机的数据传输网络完成系统中各种数据、图像的采集、处理和分发,将各单元组成一个系统。ETC 系统类型有多种,设备配置略有不同,但从功能上都可按上述划分,其组成见图 4-1。

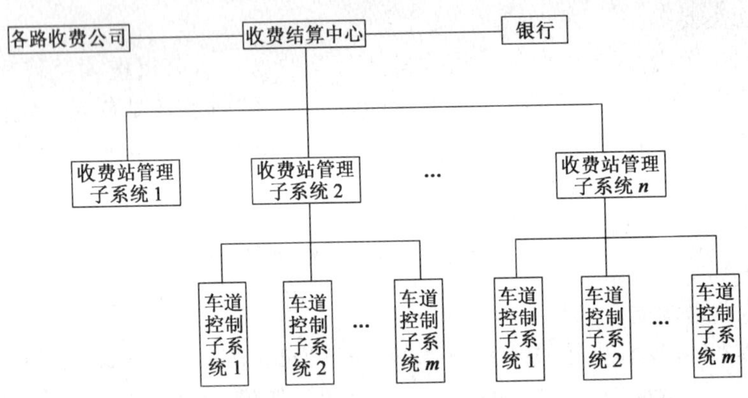

图 4-1 电子收费系统组成框图

3. 不停车收费系统类型

电子收费技术在发展过程中,出现过多种类型的收费系统。根据车辆通过收费车道的速度、收费车道结构和通行券类型,目前形成的各种系统可归纳为收费站电子收费和自由流电子收费两种类型,其工作过程和车道设备配置均有差异,如图 4-2、图 4-3 所示。

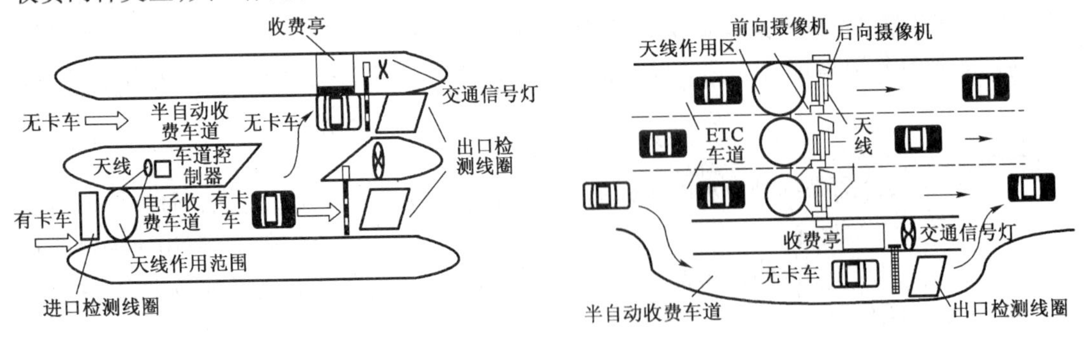

图 4-2 收费站电子收费系统

图 4-3 自由流电子收费系统

(1)收费站电子收费系统

电子收费用户较少时,收费站一般采用混合收费方式,既要有电子收费车道,也必须保留

原半自动收费车道。电子收费应用初期,混合式收费不可避免,其主要特征为:

①在原有的收费车道(有收费岛)基础上改造而成,与半自动收费车道并列在收费广场。

②车辆通过收费车道的车速成较低,常为30 ~ 50km/h,通过率可达600 ~1 000 辆/h。

③车道出口端设立自动栏杆,以防无卡车通过。

④为引导无卡用户进入普通收费车道按章收费,收费岛另辟一条通向收费亭的车道。

从图4-2可以看出,收费车道入口端上方有电子收费车道的标志和信号灯。由于车辆密度不大,天线并不连续工作,无车辆通过时,天线处于休眠状态。在天线辐射区外的车道,埋设一环形线圈。当车辆进入线圈检测区,线圈发出电信号,唤醒天线进入工作状态。此时,自动栏杆关闭,交通信号灯为红色。车辆进入通信区,在载波作用下,电子标签被唤醒,响应天线的询问,将客户身份与车型代码上传给车道天线,由天线转送给车道控制机进行审核。如为有效卡,控制机指令栏杆打开,交通信号灯变绿,如要进一步交换信息,读写数据,可以继续通信,直到收费过程结束;如为无效卡,车道控制机审核时会立即发现,指令栏杆继续关闭,并发出声光报警,现场所工作人员将引导车辆从旁路进入半自动收费车道,办理各项收费手续,控制机将情况记录存档。

(2)自由流电子收费系统

当电子收费用户在全体用户中已成为大多数时,宜采用自由流式电子收费。国外现在趋向于取消收费岛,在收费广场设置一个横跨车道上空的龙门架,架上安装电子收费设备,实施电子收费。设备配置如图4-3所示,它的主要特征为:

①无收费岛、收费亭之类设施。

②进入收费区域时不需减速,车辆继续高速行驶。

③需要建立一套高精度逃费取证处理系统,现场捉捕车辆信息作为冲卡逃费的证据,以便事后依法处理。目前大多采用高速、高分辨率摄像机对车辆牌照进行抓拍。

④在收费区域附近,需建造一条与主道平行的普通收费车道,以便无卡车辆通行。

⑤车道天线控制器能操纵多部天线并行工作,与多部车辆的电子标签同时通信。

自由流电子收费系统具有很多优点,例如车速高,无行车延误,车道通行能力接近2 000辆/h。但设备投资大,技术上实施难度也较大,特别是在高速运行时,如何防止和扼制冲卡逃车是该系统的关键技术。

4. 不停车收费系统业务流程

不同的电子收费系统的收费业务过程基本相同,现以封闭式为例,介绍电子收费系统的工作过程。当车辆驶入收费车道进口天线的发射区,处于休眠的电子标签受到微波激励而苏醒并开始工作;电子标签响应天线的请求,以微波方式发出电了标签标识和车型代码;天线接收并确认电子标签有效后,以微波发出入口车道代码和时间信号,写入电子标签的存储器内。当车辆驶入收费车道出口天线发射范围,经过唤醒、相互认证有效性等过程,天线读出车型代码以及入口车道代码和时间,传送给车道控制机;车道控制机对信息核实确认后,计算出此次通行费额,存储或指令天线将费额写入标识卡。与此同时,车道控制器存储原始数据并编辑成数据文件,定时传送给收费站并转送收费结算中心。

如果持无效标识卡或无卡车辆,在收费车道上高速冲卡而过,天线在确认无效性的同时,启动快速自动栏杆,关闭收费车道,当场将冲卡车辆拦截。在无专用收费车道的自由流收费时,可启动逃费抓拍摄像机,将逃费冲卡车辆的车头及牌照号码摄录下来,随同出口代码和冲卡时间一并传给车道控制机记录在案,事后依法处理。

银行收到汇总好的各路段收费公司的收费数据，从各个用户的账号中，扣除通行费和算出余额，拨入相应的公司账号。与此同时，银行核对各用户账户剩余金额是否低于预定的临界阈值，如低于，应及时通知用户补交，并将此名单（灰名单）下发给全体收费站。如灰名单用户不补交金额，继续通行，导致剩余金额低于危险门限值，则应将其划归为无效电子标签，编入黑名单，并通知各收费站，拒绝无效电子标签在高速公路电子收费车道通行。

收费结算中心应常设用户服务机构，向客户出售标识卡、补收金额和接待客户查询。显然，后台必须有一套金融运行规则和强大的计算机网络及数据库支持，才能实现事后收费。

5. 不停车收费系统的关键技术

为了使 ETC 系统能够高效、可靠完成收费过程，达到最大的车辆通过率并且让顾客能够接受，它必须包括三个关键的子系统：自动车辆识别系统（Automatic Vehicle Identification，AVI）、自动车型分类系统（Automatic Vehicle Classification，AVC）、逃费抓拍系统（Video Enforcement Systems，VES）。

自动车辆识别系统（AVI）使用装备在车上的射频装置向收费口处的收费装置传送识别信息，如 ID 号码，车型、车主等，以辨别车辆是否可以通过不停车收费车道。自动车型分类系统（AVC）利用装在车道内和车道周围的各种传感器装置来测定车辆的类型，以便按照车型构成实现正确收费。逃费抓拍系统（VES）用来抓拍使用不停车收费车道但未装备有效标识卡的汽车牌照图像，用于确定逃费车主并通知其应交费用或处罚办法。有关自动车型分类系统本章已做了详细介绍，下面简述自动车辆识别系统和逃费抓拍系统。

二、自动车辆识别系统（AVI）

自动车辆识别是实现不停车自动收费的核心技术。所谓自动车辆识别，是指当车辆通过某一特定地点（如收费站）时，不需驾驶员和收费人员采取任何措施，就能精确、快速地识别出车辆身份的一种技术。其识别车辆的过程如下：当车辆通过收费站收发信机时，车载收发信机被触发，发射出能唯一表明通过车辆身份的代码信息（如车牌号码、车型类别、车辆颜色、车牌颜色、银行账号、单位名称及用户姓名等），收费站收发信机接收信号后，经处理传输到计算机系统，进行数据管理及存档，以备查询。

1. AVI 系统组成

目前世界上各国厂商所生产的 AVI 产品种类很多，且彼此之间大都难以兼容，每家产品各具特色，但在系统的基本构架方面都是将系统分为了三个功能部分。

（1）车载单元（On-Board Unit，OBU，也称为车载电子标签）

车载单元既是车辆的身份标签，又是车辆的电子钱包，一般由车载机和 IC 卡两部分组成，其中 IC 卡中已经记录了该车的物理信息，比如车辆类型、颜色、车牌号码等，还存储了用户账号、余额等与货币有关的信息。

（2）路侧控制单元（Road-Side Unit，RSU）

路侧单元主要指车道通信设备——路侧天线。其参数主要有：频率、发射功率、通信接口等等，路侧天线能够覆盖的通信区域大约为 3 ~ 30m。通过路侧单元与车载单元的信息交互，实现自动电子收费。

（3）数据处理单元（Processing Data Unit，PDU）

数据处理单元接收 RSU 送出的有关数据，与计算机数据库里的使用者资料对比，对车辆身份进行验证并实施有关计算和控制的操作。

2. 电子标签简介

电子标签是一种安装在车辆上的无线通信设备,可允许车辆在高速行驶状态下电子标签与路侧的读写设备进行双向通信,其结构、工作原理和功能与非接触式 IC 卡非常相似,主要差别在于通信距离。它装有微处理器芯片和接收与发射天线,在高速行驶中(可达 250km/h)与相距 8 ~15m 远的读写器进行微波或红外线通信,比非接触式 IC 卡的工作频率、通信速率高出很多。读写器通过天线向电子标签发射信号激活电子标签开始进行通信,电子标签反馈回与具体车辆对应的独一无二的 ID 号码,用于 ETC 收费系统对车辆进行身份识别。电子标签可分为只读型、读/写型、带 IC 卡接口的读/写型三种不同形式:

(1)只读型电子标签

只读型电子标签置于车内,用于和车道内的读写天线进行通信,验证车辆和车主的识别信息。其外形为单片式,成本低,读写天线只能读出存储的客户身份代码 ID 和车型代码,不能写入任何数据。读写器在车辆驶过收费站时,只要读出用户的身份,就完成了信息的无线传输,而扣除通行费、计算余额、通知客户补交金额等工作都由后台完成。这种卡的透明度低,一般适用于开放式收费。

(2)读/写型电子标签

其置于车内,用于和车道内的读写天线进行通信联系,验证车辆、车主以及账户余额的识别信息。读/写型电子标签所存储的信息包括不可更改部分(如车辆和顾客数据)和可更改的部分(如账户余额信息)。在入口车道,读写天线将高速公路、入口地址、行驶方向代码和进入时间等写入可读写区;在出口车道,读写天线读出刚写入的数据,并将计算的本次通行费额写入电子标签,由于此种电子标签内有一个微信息处理器,用于维护账户余额信息并根据使用情况随时进行修改,故通行费可由卡自行扣除并算出余额。整个交易过程的数据可以全部显示,具有很好的透明度,适用于封闭式收费。

(3)带 IC 卡接口的读/写型电子标签

带 IC 卡接口的读/写型电子标签能分成两块:IC 卡和电子标签,故又成为两片式电子标签,如图 4-4 所示。它与读/写型电子标签不同的是,多一片可插拔的作为扩展存储器使用的 IC 卡,IC 卡插在电子标签里面,其中电子标签主要作为车辆识别卡和通信中继器使用,在电子标签中只记录车牌号、车型或车辆的物理参数,为车道系统提供车辆识别信息;而账号、金额方面的信息则储存在 IC 卡内,电子标签与 IC 卡之间可以进行数据交换。ETC 车道天线可以借助车载电子标签远距离快速读取 IC 卡中的数据信息,从而实现免停车通过收费站并完成收费交易,其构成框图见图 4-5。

图 4-4　两片式电子标签

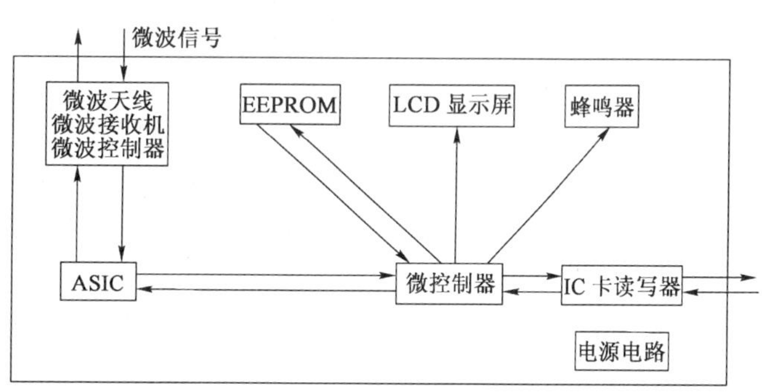

图 4-5　两片式电子标签结构框图

此类电子标签一般还带有液晶显示屏,可显示通行费和存款余额等信息,是目前功能最全最先进的电子标签,其优点为:

①可选择对驾驶员或车辆收费。在我国,很多情况下车辆的车主和驾驶员并不是同一个人,由于IC卡的便携性,因而收费系统可选择对驾驶员或车辆收费。

②安全性高。两片系统的IC卡中存有余额和其他重要数据,可随身携带,以防卡被盗用。

③可增加对用户的服务。IC卡作为不停车收费系统的一部分,其功能相当于一个便携式数据库,可对其进行增值。IC卡里面可记录金额及其他信息,既可用于预付款方式,也能用于后付款方式。

④具有一卡多用的特征。IC卡具有存储容量大、安全性好等特征,既可以是ETC专用卡,也可以是银行发行的信用卡或电子钱包,这样就扩大了卡的使用范围。

电子标签具有身份证明、通行券或兼用代替现金付账等功能,其体积小、质量轻,如同一张标签贴在汽车前挡风玻璃上,用于开放式或封闭式不停车收费系统。当用户在设有不停车收费系统的公路上行驶时,可不停车高速通过收费站,收费系统设备自动完成通行费征收,极大地提高了收费站的通行能力,减少污染,节约能源,避免收费贪污等问题。

电子标签所支持的电子收费系统(不停车收费系统)在国外的一些大城市和环城高速公路应用较多,尤其是行政区域比较独立的城市,如香港。我国部分短途高速公路实施或正在实施电子收费系统,如北京机场高速公路。随着成本的降低,相信会有越来越多的道路收费系统选用电子标签作为通行券。

3. 电子标签读写设备

电子标签读写设备由车道天线和天线控制器等功能模块组成,车道天线是一个微波收发模块,负责调制/解调信号数据,如图4-6所示。天线控制器是控制发射和接收数据,以及处理收发信息的模块。电子标签读写设备以无线通信的方式,与经过微波通信区域的电子标签进行数据交换,采集和更新标签中的收费信息。

图4-6　车道收发天线

目前,采用较多的是一条车道安装一台天线,天线和车载电子标签间是点对点通信。其特点是:通信对象、方向一定(指定车道的车辆),距离近(5 ~ 10m);车载卡通过有效通信区域的距离约为4m,在高速行驶条件下,可供通信的时间很短(80 ~ 400ms);通信数据帧不长,但交换次数多;各车道通信应相互无干扰。由此决定天线应具有方向性强、能耗低、传输速率高、波瓣尺寸符合要求、抗干扰能力强等功能。

天线控制器可插装1 ~ 3块控制板,这些板通过双端子寄存器、I/F板和车道控制计算机总线相连接,每块板通过I/F和RS485接口与天线相连接。它将控制机的通信指令通过天线传送给车载标签,又经天线接收车载标签的反馈信号并转送给计算机。控制板还有一块通信处理单元,按照DSRC规定的通信协议执行操作,保证天线与卡之间的通信顺利进行。

在电子标签读写设备中,关键技术在于DSRC专用短程通信。2000年,我国交通运输部出台的《高速公路联网收费的暂行技术要求》,对于采用5.8GHz微波频段作为ETC试点应用作出了明确规定。因此,电子标签读写设备必须符合国际主流标准和我国新出台的技术规范。

4. 电子标签与车道天线的专用短程通信协议

电子标签与天线是电子收费系统的车载设备和路侧设备。在两者交换数据的过程中,必然涉及到如何将信息编辑成易于辨识的数据,数据分割包装成多大的、什么形式的块(数据帧),以什么样的方式和速率传送,传输的器件和线路应有哪些要求等。

电子收费系统短距微波通信具有传输距离短,通信方向相对固定,数据内容简单,重复性强等特点,但天线→电子标签(下行)与电子标签→天线(上行)的通信要求又各有其特色。要保证电子标签和天线和通信在全球范围内相容,必须有一整套相关的技术标准。

为了发挥智能交通系统(ITS)的功能,实现ITS对车辆的智能化,实时、动态管理,国际上专门开发了适用于ITS领域道路与车辆之间的通信协议,即专用短程通信(Dedicated Short Range Communications,简称DSRC)协议。

针对固定于车道或路侧的路侧单元与装载于移动车辆上的电子标签的通信接口的规范,DSRC协议的主要特征包括:

①主从式架构,以路侧单元为主,电子标签为辅。也就是说路侧单元拥有通信的主控权、路侧单元可以主动下传数据,而电子标签必须听从路侧单元的指挥才能传递资料。

②半双工通信方式,即传送和接收资料不以同时进行。

③异步分时多重接取,即路侧单元与多个电子标签以分时多重接取方式通信,但彼此无需事先建立通信窗口的同步关系。

DSRC是ITS的基础,是一种无线通信系统,它通过信息的双向传输将车辆和道路有机地连接起来。目前,美国、欧洲、日本一些国家均建立了自己的DSRC标准,但是国际标准化组织目前尚未制定出完整的DSRC国际标准。有关资料表明,基于5.8GHz的DSRC国际统一标准将成为必然。DSRC标准可以分为三个层次:物理层、数据链路层和应用层。

物理层(Physical Layer):规定了机械、电气、功能和过程的参数,以激活、保持和释放通信系统之间的物理连接。如:通信区的几何要求;电子标签在车上的安装位置和被激活的角度范围,激活进程和激活时间;载波频率、辐射功率和极化方向;信号调制方式、数据编码方式和码传输速率;数据帧格式、帧头、帧尾和纠错方式等。其中载波频率是一个很关键的参数,它是造成世界上DSRC系统差别的主要原因。目前主要有:北美5.8GHz系统和900MHz系统,欧洲5.8GHz系统,日本5.8GHz系统。

数据链路层(Data Link Layer):制定了媒介访问和逻辑链路控制方法,定义了进入共享物理媒介、寻址和出错控制的操作。

应用层(Application Layer):提供了一些DSRC应用的基础性工具。应用层中的过程可以直接使用这些工具,例如:通信初始化过程、数据传输和擦去操作等。另外,应用层还提供了支持同时多请求的功能。

在常用的产品中,电子标签与天线通信技术要求见表4-1。

车道天线与电子标签的通信参数 表4-1

名　称	规　范	备　注
载波中心频率	5.7975Hz　5.8025Hz 5.8075Hz　5.8125Hz	4个频道带宽20MHz
传输速度	上行链路:500kbps 下行链路:250kbps	
调制方法	上行:2级调幅AM 下行:AM/次载波PSK	次载波频率2MHz

续上表

名　称	规　范	备　注
编码方式	上行:NRZI 下行:FMO	
链路控制规程	高级数据链路控制 HDLC	
差错校验	循环冗余码 CRD(16 位)	生成式:$x^{16}+x^{12}+x^{5}+1$
误码率	小于 10^{-6}	
电子标签唤醒方式	载波	
电子标签电流消耗	工作:35mA;休眠:15μA	
天线极化	左圆极化	
天线辐射功	小于等于 33dBm	

5. AVI 系统类型

在实际运行的 AVI 系统中,按系统工作频率可分为三种,即 915MHz、2.45GHz 和 5.8GHz。从已建成的电子收费系统看,915MHz 系统主要用于北美地区,5.8GHz 系统主要用于欧洲和亚洲以及大洋洲地区,2.45GHz 系统主要用于实验,实际使用很少。我国无线电委员会推荐使用 5.8GHz 系统。5.8GHz 系统已成为国际电信联盟(ITU)划分给专用短程通信(DSRC)的专用频段。

AVI 系统按通信方式又可分为主动式和被动式。在主动式系统中,电子标签本身具有电源,当车道天线向电子标签发送询问信号后,电子标签利用自身的电池能量发射载波及数据给车道天线,反馈信号功率较大,通信距离也较长,可达 30m。在被动式系统中,由车道天线发射电磁信号,电子标签被电磁波激活进入通信状态,上行载波来源于频率偏移后的下行载波,发射的能量来自于存储的电磁波。被动式电子标签可以是有源的,也可以是无源的。被动式电子标签的电源是供存储数据和处理数据用的,其工作距离较近。主动式和被动式的性能比较见表 4-2。

主动式和被动式的性能比较　　表 4-2

类　别	主 动 式	被 动 式
通信距离(m)	约 30	约 8
可同时通信的车辆数(辆)	最大 8	原则上 1
信息量(车速为 60km/h)(kbit)	539	46

按系统的读写方式可分为只读型 AVI 系统和读写型 AVI 系统。只读型 AVI 系统采用只读型电子标签,标签的内容只能被读出,不可被修改或写入,只读型系统大多在早期应用于桥梁、隧道的开放式收费系统;读写型 AVI 系统采用读写型电子标签,标签的内容既可被车道天线读出,也可由车道天线写入或修改,读写型系统大多应用于封闭式收费系统。

AVI 系统按有无 IC 卡又可分为单片式系统和两片式系统。不带 IC 卡的电子标签一般又称"单片式",带 IC 卡接口并在使用时需插入 IC 卡的又称"两片式"。单片式比较简单,价格低。两片式价格较高,适应性强,系统功能可以非常容易地扩展,是未来的发展方向。但两片式涉及的技术规范较多,需考虑的问题也较多。如果系统方案设计较好,并遵从有关技术标准,单片式系统可以比较容易地过渡到两片式系统。

根据技术的发展趋势和国内应用情况,以及我国关于 ETC 试点的批示,建议选择5.8GHz

频段、全双工被动式通信方式、可读写的“单片式”或“两片式”电子标签的 AVI 系统构成不停车收费系统的车道系统。

三、逃费抓拍系统(VES)

逃费抓拍系统是指利用收费系统的各种硬件和处理程序,对未付或未按正确费率付费的通过车辆抓拍车辆信息的系统。它用于抓拍没有装备有效 ETC 电子标签但使用 ETC 车道的通过车辆的车牌图像。这些图像用于事后查阅该车牌照号码,车型,隶属省、市、地区及单位,以便对注册车主进行搜寻和处理,大多数部门征收的逃费车辆补收费用要比正常费用高得多,以示惩罚和用于补偿处理逃费事件的费用,同时也对阻止逃费现象发生起到威慑作用。对于拒绝付费的车主,收费部门将其转交给当地司法系统来解决。

1. 逃费抓拍系统的相关技术

(1)拍照取像技术

最早的逃费抓拍系统采用照相机拍下逃费车辆的照片。这种方法由于需要人工从照片中提取车牌照信息所带来的巨大劳动强度而很快被淘汰。该方法的另一些问题,如照相机的触发、图像与车道的伴随关系,日期和时间以及图像的存储等使这种方法难以被人接受。

(2)视频磁带摄像技术

视频磁带摄像装置是随后采用的对通过车辆实施抓拍的装置。拍摄的录像带可在事后重新播放,以对图像进行再考查并摘录出车牌照信息。使用这一技术的摄像系统在录像带上增加了车道号码、日期、时间信息。由于记录了图像编号和录像带位置信息间的对应关系,使图像检索和定位都易于实现。另外,在摄像过程中采用高倍速录像带进行录制,以提高图像储存量,更有效的进行图像后处理。但这种方法仍需要对录像带进行手工操作,其劳动强度也很大。

(3)数字摄像技术

逃费抓拍系统大多是采用数字图像抓拍储存技术的视频系统。数字系统的特点是能够将图像数字化,自动储存以及远程传送。此外,数字系统与车牌识别技术联用能够提高其使用价值。车牌识别技术使 VES 能够自动确定图像中车牌的位置,读出车牌号码并将其存储起来。这样就避免了逃费处理过程中的人工干预,大大减少了劳动强度和不停车电子收费系统的运行费用。但由于车牌识别的某些限制因素,使其尚未普遍用于逃费抓拍系统。

(4)车牌识别技术

逃费抓拍系统的最主要目标是抓拍到高质量的图像,用于摘录车牌照数据,包括车牌照号码,车型,隶属省、市、地区及单位等。利用这些信息,就可以通过车辆隶属省区的车牌号数据库找到逃费车主。目前,大多数系统依赖人工查阅图像的办法获得车牌号码和隶属省区。人工方法的劳动强度大,而且在读取图像或提取关键信息时有出错的可能。光学字符识别(Optical Character Recognition,简称 OCR)技术目前已经达到了一定的水平,一些制造商已提出并开始实施建造自动车牌识别技术和光字符识别技术相结合的系统,从图像中获得车牌号码及相关信息。

2. 逃费抓拍系统的工作过程

(1)触发

车道内传感器(通常与自动车型分类系统组件使用相同的传感器)检测到有车到达抓拍位置,并向抓拍装置发出信号启动抓拍装置。

(2)图像获得

摄像机抓拍一个车辆的模拟图像并将图像传给数字转换处理装置。大多数抓拍系统都将摄像机对准车辆后面的车牌照区域进行抓拍,也有一些系统还同时抓拍车辆前端车牌照区域。

(3)图像识别

抓拍的一个或多个通过 ETC 车道的车辆图像临时存储在接口板存储器的缓冲区中。如果车道控制器辨别该车辆是逃费车辆,则车牌号码、收费站及车道编号、日期、时间、逃费车辆车型及摄像机编码等信息都将随图像资料一起被存储。

(4)图像储存

图像可以存在车道控制器中或传送给收费广场系统。如果系统有独立的图像抓拍系统,每个抓拍系统可覆盖多个车道,则逃费抓拍系统可连接到存储图像的独立图像文件服务器上。

(5)图像处理

图像处理通常由与顾客服务中心相连的查阅系统来处理。图像资料通过光盘、磁带或网络传输给查阅系统。

(6)图像删除

对于正常缴费车辆的图像资料,通常都立即被删除,而逃费车辆的图像资料将一直保存在收费站的图像文件服务器中,并传送至客户服务中心,直到通知逃费车主缴费,并完成行政作业上或司法上的处理后,才能将图像资料删除。

四、ETC 各系统功能简介

1. 车道系统功能

(1)入口车道

①控制信号灯、显示牌引导 ETC 用户驶入正确的 ETC 收费车道。

②车辆检测器启动。

③唤醒 AVI 系统,向电子标签写入入口车道信息。

④放行合法 ETC 用户,分流非法进入车辆。

⑤生成入口车道过车信息上传给收费站管理系统。

(2)出口车道

①控制信号灯、显示牌引导 ETC 用户驶入正确的 ETC 收费车道。

②车辆检测器启动。

③唤醒 AVI 系统,读取电子标签中的用户信息和入口车道信息。

④唤醒 AVC 系统进入工作状态,进行自动车型辨别,并进行车型核对。

⑤对合法 ETC 用户,进行收费记录,给放行指示。

⑥对非法 ETC 用户,进行车牌抓拍,生成违章记录,便于事后处理。

⑦向用户显示有关收费状态信息。

⑧将收费记录信息上传给收费站管理系统。

2. 收费站管理系统

收费站管理系统包括计算机系统、监控系统和通信系统。计算机系统由收费数据处理机、图像处理机、网络服务器和车道计算机组成计算机网络;监控系统由收费车道摄像机、图像处理单元(图像记录和显示)组成;通信系统可采用光纤通信、DDN 专线或普通电话线路。收费站管理系统主要功能为:

①建立收费、交通流的原始数据和图像信息。

②实时采集入口车道的过车信息。

③实时采集出口车道的收费交易记录,实时采集违章图像并暂存。

④接收公司传来的系统黑名单,并下传给车道控制计算机。

⑤统计、存储、分析收费及交通流量有关数据。

⑥完成车道系统与管理中心有关收费信息的交换。

⑦处理和上传违章车辆的图像,接收和下达黑、灰名单。

3. 管理中心

(1)专营公司

专营公司建立中央管理子系统,负责采集所有收费站管理系统所汇集的车道收费数据信息。专营公司的中央管理系统将对 ETC 收费数据和人工收费数据进行整理和汇总,整理完毕的 ETC 收费数据清单将被转发给结算中心请求支付。中央管理子系统功能为:

①分时采集收费站暂存收费数据。

②整理 ETC 收费数据,对车道控制系统无法处理的违章记录做处理。

③向结算中心上传 ETC 收费数据清单,请求支付。

④对收费数据进行各种方式的汇总、打印,统计出各种数据指示。

⑤接收结算中心下传的系统黑名单,并下传给收费站管理系统。

(2)结算中心

结算中心掌握全系统的收费数据信息,负责重要的资金结算工作。一般不负责与 ETC 用户直接打交道的工作。结算中心关于资金的管理和划转委托银行来进行。另外,根据账户资金有效、无效的车载电子标签清单,下传给专营公司中央管理子系统。具体功能为:

①为 ETC 用户建立和维护资金账户。

②生成 ETC 系统黑名单、灰名单,将其下传给各专营公司中央管理系统。

③接收各专营公司中央管理系统上传的收费数据。

④根据收费数据,更新各 ETC 用户账号资金。

⑤根据收费数据,向各专营公司划拨通行费。

(3)顾客服务中心

顾客服务中心的主要功能为:

①办理 ETC 用户申办电子标签的手续。

②向 ETC 用户发放电子标签,对标签进行初始化操作。

③向 ETC 用户提供消费明细账查询、资金补充、打印服务等。

④接受 ETC 用户挂失、注销等业务请求。

4. 专业银行

银行的主要功能是:

①接收管理中心上传的收费数据。

②处理业主和用户的账务。

③办理业主与用户的开户和销户事宜。

④产生违章车辆的黑、灰名单。

⑤发售电子标签。

五、我国高速公路 ETC 应用需求

随着高速公路联网的发展,目前我国高速公路普遍采用的传统人工参与的半自动收费方式不足以应付和解决联网收费产生的严重舞弊倾向,同时由于系统放行能力有限,不能满足日益提高的高速公路车道实际通行能力的需要。因此,必须寻求一种更为先进的技术手段和管理措施,来满足联网收费运营管理的需求,解决交通瓶颈问题,而采用 ETC 电子收费技术恰恰是解决问题的首选。

目前我国试点的 ETC 系统普遍采用单片式 ETC 技术,其与我国主流的 IC 卡收费完全独立、互不兼容,因此建立的 ETC 系统必须自身构成一个完整的封闭式系统,即在路网内所有的入口和出口,即使是大多数交通量小,车道数量少的收费站,都必须设置一条以上的专用 ETC 收费车道。这将造成 ETC 系统规模庞大、一次性投资高、建设周期长、风险大、车道资源消耗大、利用率差等不良影响,而且由于缺乏足够的备份 ETC 收费车道,整个系统的可靠性无法得到保障。

因此,单片式 ETC 技术并不适合我国高速公路联网新形势的要求。在我国联网收费的大背景下成功推行 ETC 收费,必须考虑 ETC 收费系统与已有的 IC 卡收费系统之间的有机结合,即选择一种兼容 ETC 收费和 IC 卡收费的组合式收费技术。有鉴于此,2000 年 6 月,国家智能交通系统工程技术研究中心在第四届亚太区 ITS 年会上,创造性地提出了组合式收费技术方案。组合式收费技术方案设计充分考虑了 ETC 电子收费方式和 IC 卡半自动收费方式(MTC)的适用条件,将两项技术通过"双片式 ETC 电子标签 + 双界面 IC 卡"的模式进行有机结合(MTC + ETC),在全国路网内以最经济、最有效的手段实现准确收费,避免交通拥堵,提高服务质量等综合目标。

1. 组合式收费技术简介

(1)双界面 IC 卡技术简介

一般来说,嵌有一个集成电路芯片的卡片被称为 IC 卡,其中芯片内带有 CPU 和操作系统(COS)的为智能卡(Smart Card)。双界面卡是属于智能卡的一种,被称之为双界面卡的原因是它有两个操作界面,对芯片的访问,既可以通过接触方式的触点,也可以通过相隔一定距离,一般在 10cm 内,以射频方式来访问芯片。卡片上只有一个芯片,两个接口,通过接触界面和非接触界面都可以执行相同的操作。两个界面分别遵循两个不同的标准,接触界面符合 ISO/IEC 7816;非接触符合 ISO/IEC 14443。

(2)应用模式的描述和分析

采用双界面 IC 卡作为双片式电子标签的扩展数据存储介质。双片式 ETC 电子标签和双界面 IC 卡同时存储包括车主、车型、车辆物理参数等固定信息,双界面 IC 卡存储账号、余额、交易记录、入出口编号等信息,双界面 IC 卡内存储的信息能以接触式和非接触式两种方式进行读写访问。具体操作模式为:

①ETC 收费专用车道同时设置 ETC 车道天线控制器和车道 IC 卡专用收费非接触机具,由一台车道工控机进行控制,实现对正常 ETC 车辆、误入普通车辆通行费收取,以及车道通行控制功能。

②在交通量大、易产生交通流瓶颈的收费站,按需设置 1 条以上的 ETC 收费专用车道,允许驾驶员将双界面 IC 卡插入双片式 ETC 电子标签,免停车通过收费站,通行费被自动扣取,并大幅度提高收费口通行能力。

③在一般收费站,仅设置 IC 卡收费车道,允许驾驶员从双片式 ETC 电子标签中拔出双界

面 IC 卡以非接触操作的方式刷卡扣款，短暂停车后通过收费站。

该方案具备如下特点：

①该方案集中了 IC 卡收费系统和 ETC 收费系统的优点，两者互为补充，提高道路使用效率，具有支付手段丰富、交费快捷、通行能力强等特点。

②IC 卡系统作为 ETC 系统的备份支付系统，使得系统可靠性大大提高，不必再准备手持式 ETC 读写器进行应急操作。尤其是在 ETC 系统出现故障时，ETC 车道的备用 IC 卡支付系统将启动运行，解决 ETC 车辆的通行问题。

③由于采用高安全性的 CPU 卡作为存储介质并采用规范的双向认证技术，保证为联网收费系统开展预付卡业务提供了安全、可靠的解决途径。

④该方案为解决中心城市的环城公路网及区域经济圈内城间公路网的交通瓶颈问题提供了有效手段；ETC 车道可以视实际需求进行逐步扩展，资金投入及系统规模富有弹性、易于试点和推广，运营风险大大降低。

2. 组合式收费技术的应用实例

2001 年 3 月，作为组合式收费技术推广应用的示范工程，京珠高速公路粤境南段（曲江—翁城段）组合式收费系统项目正式启动（以下简称京珠南项目）。2001 年 7 月，经过 2 个月的筹备，在京珠南高速公路曲江收费站建设完成了两条基于组合式收费技术的电子不停车收费 ETC 车道。如图 4-7 所示。

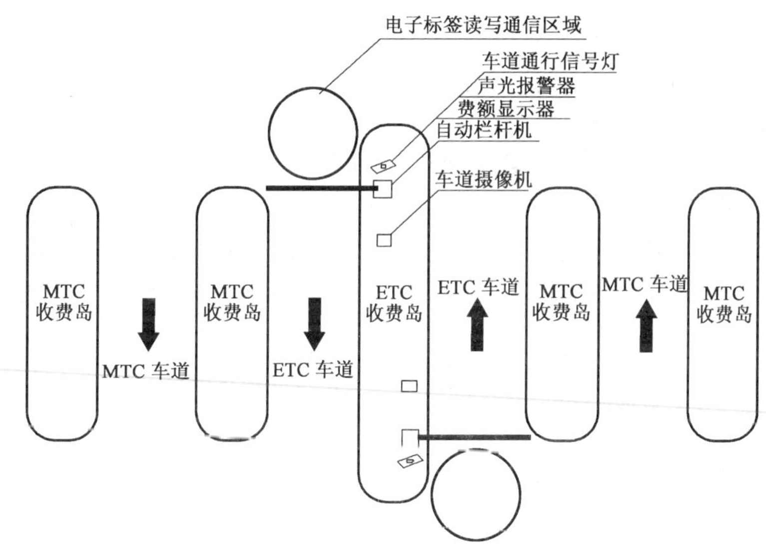

图 4-7　基于组合式收费技术的 ETC 车道

ETC 车道系统设计遵循了专用、低速、中置的原则，ETC 车道分别设在靠近中央分隔岛的 3 号车道（入口）和 4 号车道（出口）。ETC 车道为专用车道，无电子标签的车辆不允许通过。栏杆设在收费岛岛头的位置，车辆到达栏杆前面的通信区，如果正常交易则栏杆抬起，车辆不停车通过；如果交易异常，则栏杆不抬起，报警器和费额显示器作出相应的报警和提示，车辆可从右侧的人工收费车道通过。

该地区用户可以在曲江的服务网点申请支付卡和电子标签。用户在使用高速公路时，如从曲江收费站出入，则可享受方便快捷的电子不停车收费服务，如从其他收费站出入则可使用停车的支付卡收费服务。高速公路的业主应收的支付卡通行费则以每天一次的方式通过省一卡通中心转账获得。

经过综合测评，示范工程中关键系统达到了以下技术指标。

①MTC 车道性能指标

连续无故障时间(MTBF)：>10 000h；

收费车道通行能力：>150 辆/(车道·h)；

系统可靠性：每 100 000 次交易不多于 3 次的错误；

车道信息保存：至少 60 000 车次过车记录；

允许工作环境温度：-20 ~ +60℃；

②ETC 车道性能指标

连续无故障时间(MTBF)：>10 000h；

不停车收费车道通行能力：>1 200 辆/(车道·h)；

系统可靠性：每 100 000 次交易不多于 3 次的错误；

车辆分辨最小距离：≤110cm；

车道信息保存：至少 60 000 车次过车记录；

允许工作环境温度：-20 ~ +60℃；

示范工程中，采取了人工半自动收费和电子不停车收费两种收费方式。与传统的单一的人工半自动收费方式相比，组合式收费技术方案具有以下优越性：

(1)最大限度地利用系统资源

在同一路段内，组合式收费系统使用多种收费方式，包括停车的现金收费、停车的记账卡、储值卡收费和不停车的记账卡、储值卡收费。传统的收费方式，人工收费与 ETC 收费相互独立，实施 ETC 收费还必须重新建立一个独立的收费管理系统。而对于组合收费系统，人工收费和 ETC 收费公用同一个收费管理系统，所以，能最大限度地利用系统资源。

(2)降低了 ETC 实施难度

组合式收费技术富有弹性，改造容易，易于试点和推广，使得建设的难度大大减少，运营风险大大降低。ETC 车道可根据实际需要进行逐步扩展，初期可以只在主线收费站和车流量大的城市出入口收费站设置 ETC 车道；而大多数匝道收费站因车流量少，暂不设置 ETC 车道。在收费项目的发展过程中，只要收费管理系统支持组合式收费，ETC 车道可以根据各实际车流量的增长情况随时增设。

(3)高安全性，符合金融规范

组合式收费方案使用的高安全性 CPU 卡，通过了 PBOC 的金融交易安全认证，符合《中国金融集成电路(IC)卡规范》，与中国人民银行金融安全交易标准相兼容。卡片的管理通过集中统一的规划，采用了有效的技术手段和管理手段，使得其安全性得到足够的保证。与少数地方采用逻辑加密卡作为支付卡的方式比较，组合式收费系统具有无可比拟的优势，更利于在较大的范围内进行推广。

第二节　不停车收费系统方案设计

由于单片式 ETC 技术并不适合国内高速公路联网新形势的要求，而组合式收费技术方案设计充分考虑了 ETC 电子收费方式和 IC 卡半自动收费方式(MTC)的适用条件，为此，将两项技术通过“双片式 ETC 电子标签 + 双界面 IC 卡”的模式，进行有机结合(MTC + ETC)。

一、组合式收费系统的技术前提

组合式电子收费技术与传统的电子收费技术相比，其最大的差异就在于采用了双界面CPU卡作为车载电子标签的扩展信息载体，从而构成了两片式电子标签。要实现组合式电子收费，在技术上必须具备下列前提条件。

1. ETC系统采用两片式电子标签（车载电子标签+双界面CPU卡）作为车载单元

要实现ETC系统与MTC系统的有机兼容，ETC系统的车载单元必须采用两片式电子标签（车载电子标签+双界面CPU卡）。装有电子标签的车辆除了能在ETC车道通行外，还要能在MTC车道刷卡通行。因此，ETC系统必须采用两片式电子标签，使双界面CPU卡能与车载电子标签分离，单独作为通行介质兼支付卡在MTC车道刷卡通行。

2. MTC系统的非接触式IC卡读写设备具有读写双界面CPU卡的功能

为了实现MTC系统与ETC系统的有机兼容，MTC车道应能作为ETC车道的备份车道，具有支持电子支付方式的功能，其IC卡读写机具必须能读写双界面CPU卡。

由于双界面CPU卡必须在双向安全认证的基础上才能进行电子交易，因此要求非接触式IC卡读写机具预置安全认证模块（PSAM卡）接口及卡座，PSAM卡则由支付卡发行管理机构统一发行。

二、组合式收费系统的设计

1. 系统总体方案

①采用双界面CPU卡和两片式电子标签作为联网收费系统的预付卡介质。

②符合ISO、CEN等国际标准的ETC路侧读写天线及控制系统。

③采用支持ISO7816、ISO14443协议的专用IC卡收费机具。

④在封闭式路网内，根据交通量的大小，按需设置电子收费车道。组合式电子收费系统的功能特点是，系统可以按照实际需要设置电子收费车道数量和收费方式。

⑤在交通量较大，设有ETC专用车道的收费站，用户可将双界面CPU卡插入两片式电子标签，以不停车方式通过ETC专用车道。

⑥在交通量相对较小，仅设有人工收费车道的收费站，用户可采用双界面CPU卡以预付刷卡的方式通过普通人工收费车道。

⑦对于固定往返于设置有ETC专用车道的收费站的通勤车辆，如：客、货运输车辆、公司班车等，则可以采用相对廉价的单片式电子标签，实现不停车方式通过ETC专用车道。

2. 系统框架

组合式电子收费系统在收费站级以上部分，与一般的收费系统配置完全一致，所不同的是在前台的车道级系统上，其采用一种独特的以"两片式电子标签+双界面CPU卡"为核心的组合式电子收费技术。持两片式电子标签加双界面CPU卡的用户，在通过ETC车道系统时，可以免停车快速通过收费站；通过MTC车道系统时，将双界面CPU卡拔出，短暂停车刷卡通过收费站，实现了一张卡片可以从任意的ETC车道或者MTC车道出入。对普通用户，保留原有"入口领卡、出口交费"习惯，使用一张卡通行整个封闭路网。实现真正意义上的一卡通行。组合式电子收费系统前台结构如图4-8所示。

3. 功能流程

（1）ETC车户

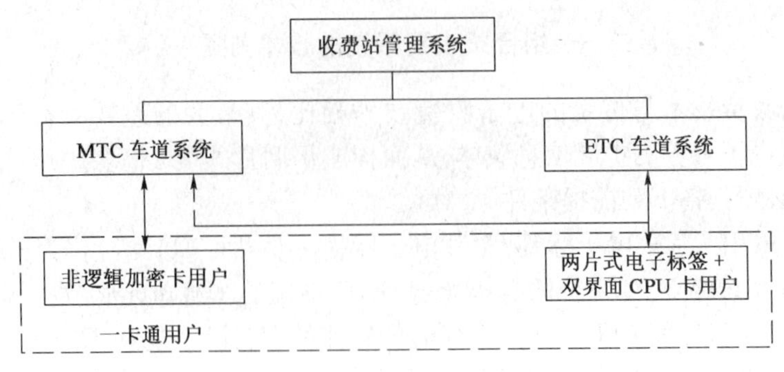

图 4-8　组合式电子收费系统前台结构

ETC 车户流程见图 4-9。

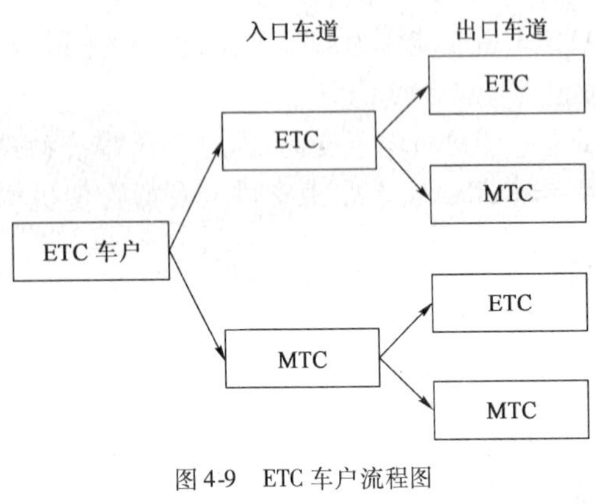

图 4-9　ETC 车户流程图

①ETC 车户使用 ETC 专用收费车道驶入收费路网

ETC 车户驶入入口收费站，车辆检测器检测到车辆到来，触发路侧识别单元(RSU)工作，与车载单元(OBU)进行双向认证，识别电子标签的有效性。若电子标签不合法，车道控制机控制触发声光报警装置报警，车道关闭，记录非法车辆信息；否则将入口通过信息写入电子标签。两片式电子标签将信息同时写入双界面 CPU 卡中，后置车辆检测器检测到车辆通过，车道本地数据库生成入口车辆通过记录，并及时存储到中央数据库中。

a. 当 ETC 车户使用 ETC 专用收费车道驶出收费路网之前，车辆检测器检测到车辆到来，触发路侧识别单元工作，与电子标签进行双向认证，识别电子标签的有效性。若电子标签不合法，则触发报警装置声光报警，车道关闭，记录非法车辆信息；否则读取电子标签中的入口信息，并从车道本地数据库中查找用户，扣减所需通行费，并将交易记录通过电子标签回写到双界面 CPU 卡上。交通灯变绿，栏杆打开，信息显示牌显示本次交易金额和余额，车户快速通过，后置车辆检测器记数，车道本地数据库生成出口车辆通过记录。车道本地数据库与中央数据库进行通信，及时更新中央数据库信息。

b. 当 ETC 车户使用 MTC 收费车道驶出收费路网之前，车户从两片式电子标签中拨出双界面 CPU 卡，将卡交给收费员，收费员刷卡，系统根据卡中的入口信息，计算通行费，并直接连接到中央数据库中查找用户的账号；若用户账号合法且金额足以支付本次通行费，则从账户中扣减通行费，并将交易记录回写到界面 CPU 卡上。信息显示牌显示本次付费金额和账户余额，栏杆抬起，车辆出站区。

②ETC 车户使用 MTC 收费车道驶入收费路网

ETC 车户驶入入口收费站，从两片式电子标签中拨出双界面 CPU 卡。交收费员；收费员刷卡，将入口信息写入卡中，卡插回电子标签中，双界面 CP 卡将入口信息备份到两片式电子标签中；后置车辆检测器检测到车辆通过，车道本地数据库生成入口车辆通过记录，并及时存储到中央数据库中。

a. 当 ETC 车户使用 ETC 专用收费车道驶出收费路网，流程同上 a。

b. 当 ETC 车户使用 MTC 收费车道驶出收费路网,流程同上 b。

(2)IC 卡车户

IC 卡车户流程见图 4-10。

图 4-10 IC 卡车户流程图

IC 卡既是通行介质,又是预付卡。当 IC 卡车户驶入入口收费站,将卡交给收费员;收费员刷卡,入口信息自动计入 IC 卡中;收费员将卡交回至 IC 卡车户,车辆检测器记数,车道本地数据库生成入口车辆通过记录。车道本地数据库与中央数据库进行通信,及时更新中央数据库信息。

当 IC 卡车户驶入出口收费站,车户将 IC 卡交给收费员,收费员将卡插入读卡机中,正确读取入口信息,计算费额;同时,系统连接到中央数据库中查找用户的账号,若用户账号合法且金额足以支付本次通行费,则从账户中扣减通行费,并将交易记录回写到预付卡上。信息显示牌显示本次付费金额和账户余额,栏杆抬起,后置车辆检测器记数,车道本地数据库生成出口车辆通过记录。车道本地数据库与中央数据库进行通信,及时更新中央数据库信息。

(3)现金付费车户

现金付费车户流程见图 4-11。

图 4-11 现金付费车户流程图

当普通车户驶入入口收费站,收费员键入车种(军车、普通车)、车型特征,发卡机吐出记有车型及入口信息的非接触式逻辑加密卡(Mifare I 卡),收费员将卡交至 IC 卡车户,车辆检测器记数,车道本地数据库生成入口车辆通过记录。车道本地数据库与中央数据库进行通信,及时更新中央数据库信息。

当普通车户驶入出口收费站,车户将 Mifare I 卡交给收费员,收费员将卡插入读卡机中,正确读取入口信息,计算费额;车户根据信息显示牌显示的费额,使用现金支付通行费,栏杆抬起,后置车辆检测器记数,车道本地数据库生成出口车辆通过记录。车道本地数据库与中央数据库进行通信,及时更新中央数据库信息。

4. 系统实施

组合式电子收费系统在工程上的实施分为如下的三种情况:

(1)在新开通项目上一次性建成组合式电子收费系统;

(2)在已开通的采用 IC 卡系统收费路段上改造成为组合式电子收费系统;

(3)在已开通的非 IC 卡统收费路段上改造成为组合式电子收统。

对于第一种情况,实施最为简单,只需要从车道级到收费中心级的各级系统完全按照组合式电子收费系统的技术要求进行设计实施,并在车道上按照“低速、专用”原则做好适当的收费土建配套工程即可。

对于第二种情况,实施起来也比较容易,并且能够在最大程度上保护系统原有投资。整个 IC 卡系统的绝大部分设备和软件不需要更换,只需要在原有 IC 卡系统中增加相应的支持支付卡消费的软硬件模块，主要是：①MTC车道部分为每个车道增加一个Mifare Pro型智能卡读写机具和PSAM模块，同时，适当改造MTC车道收费流程；②收费站以上部分各级软件系统数据库中增加支付卡数据部分管理。同时，在有需要的地方直接设置ETC出入口车道，即可形成组合式联网电子收费系统。ETC车道收集到的收费数据在站一级进入原有人工收费系统，所有从MTC车道和ETC车道收集到的非现金收费数据统一传送到后台结算中心完成结算。

对于第三种情况，技术实现上也没有障碍，原系统中除了部分硬件可以再次利用外，基本上都需要更换，因此会带来比前两种情况要高的投资额。不过，IC卡收费系统作为我国高速公路上推广使用的一种主流的收费技术平台，其地位正在得到加强。目前大部分的非IC卡收费系统正在纷纷向IC卡系统进行升级改造，因此，在这种情况下的路段上一次性开通组合式电子收费系统是符合发展方向的。

值得注意的一点是，在进行组合式电子收费车道设计时，ETC收费岛必须比MTC收费岛长。这样，当无电子标签（或无卡）车辆误入ETC车道时，不用倒车即可直接驶入相邻人工半自动收费车道，避免由于倒车所引起的交通安全等其他问题。

由于区域联网收费系统涉及的计算机广域网络及数据库系统方案已比较成熟，下面主要就构成车道收费系统的技术要点予以说明。

（1）采用支持ISO7816、ISO14443协议，根据可读写非逻辑加密卡及双界面CPU卡的专用收费机具，设计IC卡半自动车道收费系统。

（2）电子收费专用车道实现对有电子标签车辆的通行费收取，具有灰、黑名单核查，原始交易记录生成，车道交通控制等功能；当电子收费系统出现故障时，转入相邻人工半自动收费车道进行收费操作。

（3）对两片式电子标签和双界面CPU卡的数据文件格式进行设计以适合收费业务需要。初步考虑是，两片式电子标签和双界面CPU卡同时存储包括车主、车型、车辆物理参数等与车辆相关的固定信息，双界面CPU卡存储用户账号、余额、交易记录、入出口编号、车型等用户信息和交易历史信息。

（4）为保证电子收费的快速进行，需将必要的数据信息下载到车道本地数据库；交易完成后及时更新中央数据库的信息内容，保证整个数据库系统的完整性和一致性。

（5）在交通量大易产生交通流瓶颈的收费站按需设置一条或多条ETC收费专用车道，允许驾驶员将双界面CPU卡插入两片式电子标签，免停车通过收费站，通行费被自动扣取，提高收费站通行能力；车道土建布局需精心设计，原则上栏杆处于常闭状态。

（6）在一般收费站，仅设置IC卡收费车道，允许驾驶员从两片式电子标签中拨出双界面CPU卡以非接触操作的方式刷卡扣款，短暂停车后通过收费站；车型信息可由收费员操控。

（7）对于通行卡付费流程与现有收费系统保持一致。

5. ETC车道系统设计

ETC收费车道系统是组合式电子收费系统设计的关键。ETC车道系统包括车道控制系统和后台管理系统两大部分。车道控制系统包括以下子系统：车辆检测系统、车辆识别系统、计费系统、设备控制系统、图像抓拍系统、通信系统、设备诊断系统。后台管理则由监控系统、管理系统以及ETC（MTC）组成。ETC车道系统构成如图4-12所示。

电子标签读写天线通过天线控制器由RS232串行电缆线直接连接到位于收费亭内的车道计算机上，读写天线与车载电子标签之间利用专用短距离微波通信方式进行信息交换。天线与收费亭内的车道计算机之间通过天线控制器实现信息交换。其他设备,如自动栏杆、费额显示器、车道通行灯、车辆检测器等,则由车道计算机通过车道控制器间接控制。视频信号通过字符叠加器叠加车辆信息后传至收费站的监视器上。

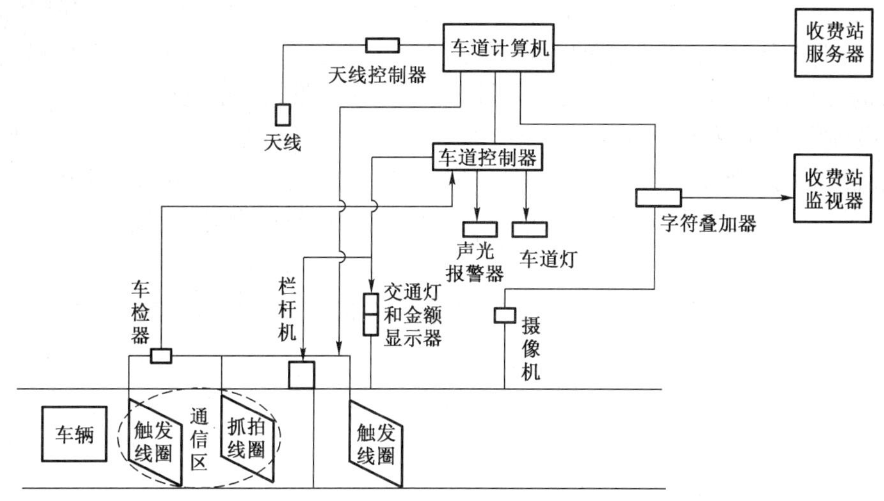

图 4-12 ETC 车道系统构成

(1)ETC 车道收费设施的构成

ETC 车道收费设施包括两大类:一类为车道土建设施、标志、标线;另一类为收费车道机电设施。

车道土建设施包括:收费岛、天棚、收费车道和人行通道。

收费车道的机电设施通常包括:雨棚通行信号灯、雾灯、车辆检测器、路侧读写单元、车道控制器、摄像机、信息显示牌、电动栏杆、通行信号灯等。

(2)ETC 车道的形式

ETC 车道选用的主要形式为:带有连接道的 ETC 专用车道、不带连接道的 ETC 专用车道、ETC/MTC 车道。

带有连接道的 ETC 专用车道,适用于非 ETC 车辆误入 ETC 车道,且在收费广场内侧单向只设有一个 ETC 车道的情况。该类型能够对误入车辆进行较为方便的管理,它克服了向后引导的危险性和向前引导的不便性,即对于误入 ETC 车道的非 ETC 车辆及非正常交易的 ETC 车辆,采用电动栏杆和通行信号灯阻止其通行,通过连接道转向 MTC 车道收费。

不带连接道的 ETC 专用车道,适用于误入 ETC 车道的车辆数较少或收费广场单向建有不止一个 ETC 车道的情况。该类型只适用于 ETC 车辆收费,对于非法的 ETC 车辆及 MTC 车辆需人工引导出 ETC 车道再进行收费。

ETC/MTC 车道,适用于车流量较小的匝道,收费广场单向车道数小于等于2,或者 MTC 车道不足而 ETC 车辆很少的情况。该类型增加了人工收费设施,不仅适用于 ETC 车辆,还用于 MTC 车辆的收费。对误入的 MTC 车辆及非正常交易的 ETC 车辆不必引导,给管理上带来便利,但由于人工收费的存在,将影响车道的通行能力,不利于 ETC 车辆的不停车通过。

(3)ETC 车道设置方式

ETC 收费车道的设置方式主要有内置式和外置式两种。

内置式 即从收费广场的内侧车道开始建设 ETC 车道。优点:①符合车辆内快外慢的行驶原则;②有利于ETC车辆的通行;③对现有收费广场改动较小。缺点:误入ETC车道的非ETC车辆较多。适用情况:①ETC车流量较大,或近期内发展大量ETC用户;②适用于MTC车辆误入率较低的情况。

外置式 即从收费广场的外侧车道开始建设ETC车道。优点:①专用性强;②误入车辆少。缺点:①不符合道路内快外慢的行驶原则;②在大交通量情况下不便于ETC车辆;③无法处理超长超限人工收费车辆。适用情况:适用于ETC车流量较小的场合。

结合我国国情,宜采取内置式带连接道的ETC专用车道,并采用ETC双向收费岛布设。这种布设既满足内快外慢的行驶原则,又能适应ETC初期非ETC车辆误入ETC车道较普遍的现象,同时,具有充分容错能力的车道模式和控制流程的设计也提升了系统的可靠性。

第三节 不停车收费系统软件和设备选择

一、软件选择

1.操作系统的选择

由于组合式联网收费系统必须同时支持通行卡现金收费和预付卡电子付费两大业务,因此,在通行费拆分和结算功能上,其对计算机网络安全性和可靠性的要求远远大于单一的收费系统。为此,充分了解借鉴国内外和其他各省操作系统的主流趋势,慎重选择操作系统是非常重要的。一般情况下,联网收费结算中心宜采用小型机服务器,路段收费中心和收费站一般采用微机服务器。根据联网收费的应用管理需求,联网收费结算中心局域网操作系统宜采用Unix、Linux等;其他局域网操作系统一般选用Linux、Unix、Windows NT Server、Windows NT Workstation等;各工作站一般宜选用Linux、Windows NT Workstation等。

2.数据库的选择

组合式联网收费系统中,在通行券承载存储信息容量、数据安全性程度、通信协议技术要求、电子标签技术规范等方面,数据存储和传输上有特殊要求,对网络系统的依赖性更强,对传输的数据实时性、完整性等要求较高。选择合适的数据库管理系统,能更好地调节数据传输和处理,保证整个系统的良好性能。

数据库选型的原则如下:

①支持分布式处理,支持客户/服务器体系结构;

②支持性能的并行控制和联机事务处理;

③支持主要网际互联协议(如TCP/IP、APPC等)和局域网协议(如TCP/IP、SPX/IPX);

④支持SQL标准;

⑤支持可变元的二进制存取及提供相应的多媒体开发工具;

⑥考虑安全性、灾难恢复和事务完整性;

⑦具有良好的可移植性和扩展性;

⑧支持大量的第三方产品,能满足不断扩展的各类业务需求;

⑨支持Cluster系统,并能自动实现任务均衡和任务切换;

⑩支持SMP系统;

⑪至少支持Power Builder、Delphi、Microsoft VisualC + +等RAIoo开发工具,具备完善的Internet开发工具。

二、设 备 选 择

(1)非接触逻辑加密卡(Mifare I 卡)

非接触逻辑加密卡内的集成电路包括加密逻辑电路和可编程只读存储器 EEPROM,加密逻辑电路在一定程度上保护着卡和卡中数据的安全。卡片与读写机具之间的通信操作通过射频方式进行。

目前我国公路收费使用的非接触逻辑加密卡均为 Mifare I 工业标准,其读写设备在国内许多单位已有成熟技术,便于管理和维护。该认证过程相对简单,读写操作过程速度快,一般在 100ms 内可完成 6 个扇区的读写,适宜作通行介质使用,并且已在公路收费实践中得到使用。

(2)双界面 CPU 卡(Mifare Pro 卡)

双界面卡是一种高安全性的 CPU 卡。在联网收费条件下的组合式收费系统应用中,CPU 卡作为通行介质和预付卡使用,可以根据运营需要设计成记账卡方式或储值卡方式。记账卡方式与普通的信用卡形式完全一致,其操作简便快捷,后台电子结算,对于大宗固定的车队式用户有较大的吸引力;储值卡方式实际上已经做成一个符合 PBOC(中国人民银行,People's Bank China)金融安全应用标准的电子钱包,这对于降低运营风险,向广大社会车辆用户大面积推广有很大的好处。

双界面 CPU 卡中通信接口标准分为 TypeA 型和 TypeB 型。其中 TypeA 型通信方式完全兼容 Mifare I 标准。所以在公路收费中应采用 TypeA 型的双界面 CPU 卡,以便于采用同一台读写机具完成两种类型卡片的操作。

(3)两片式电子标签

两片式电子标签是一种具有智能卡接口的电子标签,其本身是一个数据存储器,可以根据需要存储收费应用中有关的电子信息(例如车辆物理参数信息、车主信息等)。同时,它还起到了通信中继器的作用,路侧设备通过它与智能卡进行快速的移动通信,读取并往智能卡中写入相关的收费数据。

通常的两片式电子标签具有支持接触式 IC 卡和非接触 IC 卡读写的能力。但由于进行非接触 IC 卡读写时,电子标签要消耗大量电能产生电磁波以激活非接触 IC 卡的天线进行短距离通信。由于大多数用户希望电子标签作为自带电池的免维护长寿命产品使用,所以在电子标签采用车内取电的方式不可取的前提及现有的技术水平下,电子标签要实现对非接触 IC 卡的长寿命操作是很困难的。而比较现实的情况是电子标签能对接触式 IC 卡实现长寿命操作,接触式 IC 卡不宜在非接触 IC 卡收费系统中使用。所以,在电子标签必须采用接触式读写方式,人工半自动收费系统必须采用非接触读写方式的条件下,两片式电子标签采用接触式通信方式对双界面 CPU 卡进行读写操作是合适的技术解决方案。与传统的单片式或两片式电子标签所不同的是,在本方案中,路侧天线控制器必须内置 PSAM 安全认证模块以适应储值卡业务的需要,所以技术难度相应增加。

(4)ETC 车道天线及其控制器

在微波读写控制器中,天线是一个微波收发模块,负责调制解调信号数据;读写控制器是控制发射和接收数据以及处理收发信息的模块。ETC 天线及其控制器可集成为一体,也可以为分离模块。微波读写控制器以无线通信的方式,与电子标签进行数据交换,采集和更新标签中的收费信息,并通过串行口与计算机通信。

ETC 天线通信区域覆盖车道的要求为:在正常情况下,车道天线通信覆盖范围应仅局限于本车道内(宽度约 2.5 ~3.25m),不会对相邻车道产生干扰,也不会读取到相邻车道上的电子标签。当相邻两条或两条以上车道需设计成不停车收费车道时,各车道 ETC 天线的工作频率需仔细地进行交叉配置,以尽可能地降低相邻车道的干扰。

ETC 天线可以采用两种安装方式:采用立柱式安装在车道侧面的收费岛上,或者采用吊装法安装在收费车道上方的门架上。具体采用哪种安装方式可视现场情况和产品的推荐安装方式决定。对于吊装在门架上的 ETC 天线,其安装高度通常为 5.5m,不宜低于 5.5m。ETC 天线的覆盖范围,在离车道地面 1m 高度处,沿车辆行驶方向,有效通信范围的长度能达 4m,在离车道地面 2m 高度处,沿车辆行驶方向,有效通信范围的长度能达 3.5m。

(5)IC 卡专用收费机具

IC 卡专用收费机具需能完成对 Mifare I 卡和双界面 CPU 卡的密码核对、双向认证、数据读写、文件管理等操作。目前高速公路收费系统中在用的 IC 卡收费机具绝大多数已经具有此项功能。在本方案中,IC 卡专用收费机具必须内置 PSAM 安全认证模块以适应储值卡业务的需要。

(6)高可靠性车道收费控制器

IC 卡半自动收费系统是有人值守的,所以车道收费系统在出现故障时可以被工作人员很快发觉并予以排除。而 ETC 电子收费车道是无人值守的,应具备高可靠性,否则哪怕是系统暂时的不及时响应也将导致收费流程出现异常。所以 ETC 车道系统的安全性、实时性、可靠性必须予以充分重视。

项目五 收费系统的日常维护与应急处理

第一节 收费系统的日常维护

与公路设施需要进行经常性、周期性、预防性养护，采取有效措施，保证道路畅通一样，高速公路收费系统也必须进行经常性、周期性、预防性维护，确保监控设施运行正常、收费系统工作可靠、通信系统信息畅通、供电和照明系统状况完好。

高速公路收费系统维护一般分为四级维护体制（一个公司管理多条道路）或三级维护体制（主要针对一路一公司）。这里，主要阐述四级维护体制。实际上三级维护体制和它并没多少区别，只是将三、四级维护合二为一。

根据系统设备维护、维修内容的简易程度、设备所处环境及使用对象，将收费系统维护、维修分为A、B、C、D四个级别。其中A级维护由收费站人员负责；B级维护由收费站维护人员负责；C级维护由本条路机电技术维护部门管理人员负责；D级维护由总公司的机电技术部门负责。

一、A级维护

A级维护工作内容由收费站的收费人员、监控人员和财务票管员负责，要求是在每班次上班前完成，它包括以下内容。

（1）收费亭内表面设备除尘：亭内卫生、收费员终端及内部对讲分机、语音发生器、费额显示器等。

（2）收费亭外设备表面除尘：自动栏杆、手动栏杆、车道信号灯等。

（3）监控机房设备表面除尘：控制台、内部对讲机、监视器和录像机机架、配电箱、计算机主机及外设等。

（4）财务站机房设备表面除尘。

二、B级维护

B级维护工作内容由收费站维护人员负责，维护员还应该督促检查A级维护完成情况，主要内容有：

（1）自动栏杆和车辆计数器维护，包括更换栏杆杆臂、调整机座和弹簧位置、复位车辆计数器（在其死机情况下）等。

（2）读卡机和发卡机的维护，包括清洁磁头和传感器、取出塞在卡机里的卡等。

（3）更换天棚信号灯和车道信号灯灯泡。

（4）每周维护一次配电箱以及车道设备表面卫生。如：声光报警器、摄像机防护罩等除尘。

三、C级维护

C级维护工作内容是由本条路的技术人员负责，检查、指导收费站维护人员的工作，其更主要的工作内容是对部分故障设备进行维修和报告上级部门对设备进行维修，主要工作有：

(1)车道控制机的内部除尘清理，自动栏杆活动部位的润滑，弹簧的除锈上油等。

(2)读卡机和发卡机的维护、维修，车道控制器外围设备维护以及机房设备的维护与维修，并将故障设备现象及时记录上报。

(3)每月进行一次车道控制机及外围设备的状态测试，UPS 设备内部除尘维护及电池的定期更换。

四、D 级 维 护

D 级维护工作是由总公司技术人员负责，主要内容有：

(1)计算机及其软件维护，包括计算机内部除尘、硬盘维护和系统参数的检查与调整、数据备份和恢复。

(2)收费系统电视监控设备的维护。

(3)工控 PC 机维护每月一次。

(4)及时修复故障设备。

第二节　联网收费系统异常情况应急处理

在互联互通的高速公路网内，联网收费的各级设备要安全稳定地运行，禁止出现故障，否则将直接影响收费和数据传输，进而影响全路网数据的拆分。所以，在联网收费建设中，应充分考虑到各种影响稳定运行的因素，在设计和实施中制定多层应急策略，以应对各种紧急情况。

一、车道出现异常时的应急策略

1. 单个车道系统出现故障时的应急措施

对于收费车道多于一入一出的收费站，可暂时关闭故障车道，车道收费员移至其他系统运行正常的车道进行业务处理。

若收费站只有一入一出两个车道，当入口车道系统发生故障时，可采取发纸质通行券的应急方法(使用时，收费员需在通行纸票上加盖防伪专用章和日期章)。使用前需上报路中心，路中心上报省信息结算中心，值班人员做好票据的起始号记录，并通知联网的其他路段；发放完毕后上报票据的终止号，值班人员做好记录并通知联网路段，使各站人员在事先知情的前提下，根据“纸卡”业务操作程序对有关车辆进行处理，从而提高工作效率、避免塞车。当出口车道系统发生故障时，同样可采取应急措施，当车辆到达时，采用应急收费设备进行收费。如果应急设备准备不及时，则首先询问驾驶员入口站名并通报监控员，由监控员通过内部电话向入口站进行车辆信息查询。若情况属实，则在收缴通行卡的同时手工收取通行费后将车辆放行。需说明的是，系统瘫痪期间所收取的通行卡应单独放置，待交班时将卡如数上交票据室。系统恢复正常后，须将此间收取的通行费利用“补费”功能录入系统中。

2. 全部车道系统出现故障的应急措施

当收费站全部入、出口车道均无法正常发卡、收费时，其收费业务处理类似于上述一入一出车道系统故障情况下的处理方式，即在征得结算中心的同意后，可暂时采用入口车道发放纸卡、出口车道应急收费的处理方式，这样就不会影响收费员在交班时的现金对账结果。

3. 车道设备出现故障时的应急措施

车道检测线圈和电动栏杆出现故障时，可采用复式收费模式将其屏蔽进行收费；票据打印机无法打印票据时，在征得收费班长同意后，收费员可暂时向驾驶员发放定额票据，待交班交款时，填写相应的项目并将票根上缴票据室，以便进行对账；车道摄像机、费额显示器设备损坏不会直接影响正常业务处理。另外，如因车道设备发生故障而影响正常收费业务时，收费员可移至备用车道进行业务操作，同时迅速解决设备故障问题。

4. 收费车道与站之间的通信网络出现故障时的处理措施

当车道与站监控室之间出现网络故障时，并不会影响车道的正常业务操作，只会因数据无法及时上传而影响收费员正常的交接班。因此，当故障出现时，应通知系统维护员尽快进行设备检修。故障排除后，车道业务数据将自动上传，不影响收费员交班登记及各类报表的打印。

5. 在车道出现分流时的处理措施

在雨、雪、雾天气情况以及出现重大交通事故时，出于对交通安全的考虑，交警部门往往通过分流方式疏导交通，这给收费工作带来了一定程度的影响，尤其是联网收费后更是如此。针对这种情况，可采用应急收费设备，利用收费软件的复式收费功能将车道瞬间扩大，既完成了分流又确保了数据的完整。

二、收费站出现异常时的应急策略

1. 停电后的应急措施

收费站收费系统所配备的专用 UPS 至少可以保证 3 分钟的供电，若超过有限时间后仍无法恢复正常市电供应，可启动备用的柴油发电机进行供电。除此之外，还要求每条路都要配备几台移动发电机，当 UPS 和柴油发电机均不能供电时，要求在最短时间内采用移动发电机供电。

2. 网络出现故障时的应急措施

收费站与车道间的网络故障并不影响车道业务处理，待网络恢复正常后，车道业务数据会自动上传，正常的交接班操作及各类报表的打印均可正常进行。若交接班时车道与站之间的网络仍未恢复正常，可利用收费系统的“脱机处理”功能，通过软盘将车道业务数据拷贝至收费站数据库内即可进行交班。

3. 远程维护

当路网内的某站收费系统发生故障时，可及时通知结算中心，结算中心技术人员在提供合法的账号及口令后，即可对主机系统进行维护。这样就保证了能在最短时间内将主机系统故障排除，从而将可能造成的损失降至最低。

4. 数据备份与恢复

系统维护人员必须定期对收费业务数据进行备份。当主机一旦出现故障时，可利用备份资料进行数据的恢复，从而避免了数据丢失，保证了数据的完整性。

5. 多个数据上传保证数据的完整

每个收费站都有两个 2M 通道上传数据。当其中一个 2M 通道出现故障后，系统会自动切换选择另外一个通道；当两个均出现故障后，收费站还可通过公网将收费数据上传拆账中心，从而保证拆账的顺利实现。

三、结算中心出现异常时的应急策略

收费总中心承担着整个路网数据的汇总、存储和拆分职能，因此保证其系统运行的稳定性及可靠性就显得尤为重要。

(1)结算中心采用双路市电供电,停电后两路之间可相互切换。当两路均不能及时供电时,则首先通过 UPS 进行应急供电,同时迅速启用柴油发电机供电等备用供电方案。

(2)进行总中心与中心、分中心网络故障处理时,可采用中间件产品。该产品可以保证数据完整、一致性的特性,并能够在网络恢复后确保数据自动上传,从而保证了数据的完整。

(3)优化结算中心拆分软件,该软件可以剔除重复交易和不完整交易,保证了数据的完整。

阅读材料

高速公路机电系统维护模式

目前高速公路机电系统设备种类多、数量大、涉及的领域广,给高速公路的机电维护、维修带来了一定的难度。如何用好、养好、修好、管好机电设备,充分发挥机电设备的作用,推动运营管理水平不断提高,已成为高速公路管理者面临的一个新课题。高速公路机电系统主要包括:监控系统、收费系统、通信系统及其供配电设备。它是保证高速公路实现安全、高速、畅通、舒适功能的必要组成部分,也是高速公路运营管理的主要手段。

高速公路机电系统主要具有以下特点:专业性强、技术含量高、涉及专业面广、线路较长造成维修工作量大、维护难度高。

一、通用维护模式

1. 自行维护模式

采用自行维护模式的高速公路运营管理单位首先要拥有一支技术精湛的维护队伍。由于涉及多专业、高技术,所以对维护人员的技术水平和综合维修能力要求相对较高。人员的配备要考虑各专业和各工种相结合,人数较多维护队伍较庞大。从机电系统建设期就参与施工的管理人员具有熟悉工程情况、了解系统结构、上手较快的优势,可使维护工作迅速全面展开,同时还具有利于统一管理,便于考核、监督、方便协调的特点。但自行维护模式,需要配备足够的维护机具、车辆和仪器仪表,初期投资较大。

2. 专业维护模式

高速公路运营管理单位与专业维护、维修公司签订年度维修合同,并在合同内规定维修范围及服务内容。通过专业化维护管理充分借助专业公司的技术优势,对机电系统运行过程中存在的故障隐患做到有效预防,保证系统正常运行。专业维护模式从人员配备上来看,只需配备系统管理员,不需配备维护技术人员,减少了人员的配备。高速公路运营管理单位不需配备车辆、维护机具和仪器仪表,大大减少了初期投资。但后继费用即每年支付给维修公司的维修金额较大,一般是按路段机电系统设备造价的一定比例来支付维修金。

二、三级维护体系维护模式

根据上述通用维护模式特点结合实际情况,总结出的三级维护体系的维护模式,可作为机电系统行之有效的管理模式。所谓三级维护体系就是以高速公路运营管理单位自身组建的维护队伍为主体,辅助以分项专业维护公司进行维护,采用中心、分中心、收费站三级管理模式来进行管理。

1. 一级维护——管理层

一级维护主要由设在公路管理单位的通信中心,负责全线机电系统维护的管理工作。由 2~3 名管理员组成,主要负责建立健全和完善的维护管理制度,从机制上保证维护工作的及时与到位；对技术人员定期进行考核，奖励先进，充分调动职工的积极性；加强内部工程技术人员的能力锻炼和培养，采用走出去请进来等方法切实有效地提高技术人员的专业技能，营造一个积极向上、勇于克服困难的良好环境；准确地掌握全线备品备件的需求情况，及时采购并做好管理工作；负责与厂商或专业维护公司联系进行维修、维护；作好统计工作，建立健全综合技术档案。该级维护是由中心负责组织实施或协调各分中心、收费站、厂商和专业维修公司等参与完成的。

2. 二级维护——维护层

二级维护是整个维护体系的核心部分，承担了绝大部分机电设备维护、维修工作。下设在驻地办（管理所）的通信分中心由3～4名机电工程师组成，主要负责所辖路段及本段收费站、服务区机电设备的维护、维修工作；做好维护、维修情况的详细记录，建立完备的技术档案；做好设备维修工作的统计工作，有针对性地对设备故障进行预防；负责对所辖收费站设备使用、管理及日常养护工作进行指导监督。高速公路一般有多个收费站，每个收费站又有多条收费车道，每个车道的设备及布线结构基本相同，因此出现的问题和故障也具有雷同性、可比性。

对于出现问题的设备，首先应判断故障的产生是线路问题引起的还是设备本身的问题。对于线路故障不能独立解决的，可向上一级汇报，由中心负责联系专业公司维修。排除线路故障后对于设备本身故障的维修，根据工作经验可直接判断出故障点进行维护维修，也可通过用好的器件采用替换法确定故障部位经过分析检测最终确定故障点。目前大多数主板都采用集成电路技术，外围模拟电路较少，比如栏杆机、字符叠加器、红绿灯控制等；维修难度不大且比较方便，只要平时多实践、多比较、注意工作经验的积累，一般机电工程师是完全能够胜任本路段机电设备维修工作的。对于摄像机、矩阵、光端机、交换机等设备，质量较好一般不会出现故障。如果这些设备出现故障可与厂商直接联系维修，不仅维修质量得以保障，费用也会比交与第三方维修公司低很多。

由于分中心设置在驻地办（管理所），当设备出现问题时，特别是在高速公路收费的高峰期，例如春节、黄金周，所有车道全部24h运作，设备故障发生率较高时，技术人员能在第一时间赶到现场，保证问题得以及时解决。

3. 三级维护——养护层

三级维护属收费站监控室养护管理，由收费班长、监控人员及电工组成。主要任务是针对设备工作现场的运行特点有效地按规程操作设备正常运行，保证工作场所的正常秩序，保持机房、车道内设备外表清洁，更换设备上日常消耗品，向上一级即分中心上报设备故障，使整个收费运行优质、低耗、高效、安全地开展。

4. 采用三级维护体系要注意的几个问题

（1）需要定期做好保养检测工作

机电系统维护主要包括日常保洁、事前保养检测和事后修复3部分，各部分费用依次递增。所以采用以设备分类为依据，以日常检测、定期保养为基础的预防维修，对重复性发生故障的部位，针对故障发生的原因进行改善维修，以防止同类故障的再次发生。找出影响设备质量的关键因素，采取措施把质量缺陷减少或消灭在形成发展的过程中，提高系统的维护成效，减少维修费用，保证设备的完好率最高。

（2）突出重点、照顾一般

对发生故障影响到高速公路运营及安全的关键设备采取预防维修，并实施重点保障，要在一定时限内完成抢修；对出了故障不影响整体运行的设备实行事后修理。这样不仅可以节约经费，又能满足正常运营的要求，使有限的维修资源相对集中地使用在起重要作用的设备上。

(3)善于总结，加强与兄弟单位间的经验交流

对运行期内出现的系统故障及处理方法要认真、系统的记录在案，不断加强技术经验总结和信息交流，提高系统故障的可预见性，同时加强与各路段机电设备维护部门的经验交流与合作，在技术和管理上提倡大胆探索、开拓创新。

(4)重视维护技术人员的技术培训工作

技术队伍的锻炼与培养不仅要在机电设备建设期、验收期进行，还要在设备运行期间通过组织集中业务培训、技能考核、设备生产企业现场实际操作、聘请有关专家举办各种技术讲座和新技术交流及运行维护经验交流等活动，不断提高技术人员素质。

三级维护体系有利于高速公路管理单位建立规范化管理制度，建立起以人为本的管理理念，增强单位的竞争能力，提高服务质量，是具有人员少、维修快、运行成本低、方便管理、利于协调的一种高速公路机电系统维护模式。

项目六 收费系统典型设备的维护

第一节 车道设备的检测及维护

保证车道进行正常收费的核心设备是车道工控机、收费员键盘、票据打印机、栏杆机,现对这几样设备出现的问题进行重点分析和解决。

一、车道收费计算机

车道收费计算机是高速公路机电系统设备中收费系统最核心的设备,其维护尤为重要。在高速公路在用车道中,由于车流量大,除非收费计算机本身发生故障未能及时修复,否则所有车道收费计算机都是处于全天候工作状态。因此,做好车道收费计算机日常维护和提高维修及时率是确保站场乃至道路畅通的关键。

引起收费计算机系统故障的原因是多方面的,归纳起来主要有电源过高或过低、静电、电磁干扰、温度过高、灰尘过多、带电拔插、误删除系统文件、计算机病毒、元器件老化、人为因素、日常维护不当所导致的故障等等。收费计算机的故障分为硬故障和软故障两大类。硬故障是指收费计算机硬件设备由于物理损坏而引起的故障,这类故障只有更换硬件设备修复。软故障是指由于硬件的接触不良、系统软件被误删除或被破坏而引起的故障。硬故障按其故障部位可分为系统主板故障、外围适配器故障和系统外部设备故障三大类。这些设备出现故障时,除硬件本身损坏外,可以通过简单的调试或者维护工具使其恢复正常。

实践证明,大部分内存故障由内存插座与内存的接触不良原因造成的,主板和内存本身损坏的概率较低。一般可通过重插内存、用橡皮擦拭清洁内存与插槽接触铜片、把内存更改到其他备用内存插槽可排除故障。使用两条以上内存的可通过先插一条启动正常后,再关机逐条插入其他内存的方法排除故障。一次不成功可多次重复上述步骤,但必须严格按日常维护的方法安全操作。其他板卡的故障亦可以用此方法进行维修。

车道收费计算机死机的故障现象通常有两种情况,工控机真正死机和假死。

(一)车道收费计算机真正死机

真正死机的原因有多方面,通常有本身硬件和软的原因,也有其他外设引起的原因。车道收费计算机硬件方面的原因:因工控机自身配置专用电源损坏或各输出电源电压异常造成引起的,主板本身的供电回路故障。还有就是主板灰尘多引起,另外新换主板 BIOS 中的 PCI/ISA 中断设置不正确;因硬盘故障引起,主要是硬盘过热,老化或使用不当(主要表现为非正常关机)造成坏道、坏扇区,从而引起工控机在运行时容易发生死机现象;因内存条故障引起,主要是内存条松动或内存条本身质量所致;CPU 风扇老化或转速不够引起死机;MOSA 卡故障引起,此情况较少出现;由于卡机故障或读卡过程中出现异常情况引起的死机,此方面的原因较少,市电电源不稳或本机供电电源器件故障引起的死机。

车道收费计算机软件方面引起的原因主要指系统软件应用软件(即收费软件)原因导致的故障,包括应用软件、系统软件、其他应用软件及病毒等原因。

1. 硬件故障

(1)如果主板故障,通常是否更换主板;如果新换主板设置不合理导致死机,则必须进入CMOS重新设置;如主板上某部位灰尘多引起死机,则要清理灰尘;如果主板其他故障,在无法判断时,也只能更换。

(2)如果硬盘过热引起死机,应该检查工控机风扇是有故障,散热是否良好;如一开机硬盘发热过度、声音异常、不工作或工作不正常时,则要检查电源及数据线;如硬盘性能不佳,则建议更换硬盘;如果硬盘老化,也建议更换;如果硬盘有坏道或坏扇区,可以用专用工具软件来检修;如损坏严重则只能更换硬盘。

(3)内存条松动或接触不良引起的死机,则要断电后重新装好;电脑运行过程中突然出现蓝屏时,要考虑内存条是否有故障,如果确定是内存条故障,则要更换。

(4)CPU风扇老化则要更换风扇,如果是转速不够,要清理风扇里的灰尘,或者在风扇里添加适当的润滑油;另外,CPU风扇松动或接触不好,也会导致工控机死机或无法启动。

(5)对于因MOSA卡引起的死机,必须更换MOSA卡,通常此卡故障电脑屏幕上会出现"平原站"字样,或收费软件无法运行。

(6)如果由于卡机故障引起的死机,则要检查卡机与工控机的通信,或者检查收费软件。

(7)收费计算机电源故障,或者电压不够,也会导致电脑死机。

2. 基于SQL数据库收费软件故障

(1)由收费软件引起死机

由收费软件引起死机的现象目前来说是相对少了,但是有些现象也必须要通过更换收费软件才能解决问题,如收费软件弹出对话框、收费界面出现重影、收费速度很慢等等现象时,通过重新复制收费软件可以解决。以上在车道里的收费软件的复制就已经完成了,可以正常收费,但是在服务器里还要重新设置数据泵的"流水文件"和"工班"的轮询起点数,这样才能保证收费数据传上来。

(2)由系统软件引起的死机

如果系统软件中的启动文件和其他重要配置文件损坏,往往会导致收费计算机死机,尤其是在不正常关机的情况下更容易导致这些文件损坏,对此可以通过修补这些文件来修复。在实践中有更简捷的方法来修复系统文件的损坏,就是重新"克隆"系统,克隆系统比重装系统要快得多。

(3)由其他应用软件引起的死机

其他应用软件主要是指视频卡安装软件和网卡驱动程序引起的,主要表现在重做系统后其驱动程序没有安装好或突然断电导致驱动程序丢失。

(4)由病毒引起的死机

工控机里有病毒,通常会出现以下几种情况:一是收费速度很慢;二是部分外设不动作或不正常动作,如自动栏杆升降不正常,有时栏杆落下很慢,有时会突然落下,当然由病毒引起栏杆的升降不正常这是很少见的;三是病毒引起系统启动时不检测收费键盘,一定要用标准键盘才能启动,或者系统只识别原键盘,导致更换键盘不能正常使用,此现象相对较多。病毒如果存在于C盘会导致操作系统死机,如果病毒存在于D盘会影响收费软件,导致收费软件与外设的连接不正常。

对于病毒引起的死机,杀毒是比较常用的解决办法,当然也可以对有病毒的分区重新格式化后再克隆一次,病毒即被清除了,但此法较复杂,一般不建议使用。

（二）车道收费计算机假死

1. 故障现象：车道工控机不是真正的死机，称之为假死。

（1）收费键盘能够操作，显示器无反应；

（2）收费键盘能操作，栏杆长时间（20s 左右）不动作或打印机不打发票；

（3）在读卡过程中时间长或卡机堵卡，收费键盘暂时不能操作。在此必须明确的是车道工控机假死的说法是对维修而言的，但对收费员或监控主管来说可能会认为是真正的死机。

2. 故障原因：导致工控机假死的原因也是多方面的，既有硬件的原因，也有软件的原因，还有非故意人为原因及其他与之关联的外部设备原因。

3. 故障的排除及解决办法

从车道收费计算机假死的故障现象和原因看出，车道收费计算机假死主要是由于使用者操作使用不当造成，只需要纠正错误的操作使用方法就可以解决；其他由于硬件或软件导致的故障，通过硬件修复、软件重新安装设置即可解决。

二、收费员键盘

1. 整个键盘无法使用（操作任何键都没有反应）

检查原因及解决方法：

确认车道控制机已经上电，用万用表测量车道控制机 BBCL 端子排 54、55 号端子间的电压，正常情况下应为 24V。

（1）如没有电压，则检查 55 号端子保险，如保险烧毁则更换 2A 保险管。如正常，则检查 BRAE 端子排 37 号端子保险是否烧毁，如损坏则更换保险管。如正常，用万用表测量车道控制机 24V 电源输出是否为 24V，如没有输出则更换 24V 电源。

（2）如 55 号端子电压为 24V 正常，检查键盘接头是否牢固接在收费控制台下。将其插紧，观察车道控制机内 GEA1 537 板 4 号端子指示灯状态。当按下收费员键盘任意键时，红绿指示灯应同时闪烁。

①指示灯不闪烁，键盘有问题，更换收费员键盘；

②指示灯闪烁，重新安装车道软件。

2. 个别键不起作用

检查原因及解决方法：

检查不起作用的键是否按下去了，如没有弹起来，则将键盘拆开，检查键盘线与键盘线路板的连接（针式连接端子排）是否牢固，将其插紧；或是个别按键已损坏，可用电烙铁将损坏按键换下，再焊上新按键即可。

三、票据打印机

1. 票据打印机不自动出票

检查原因及解决方法：

供电线路及控制信号检查方法和解决办法同收费员键盘相同，供电端子号为 53 号，GEA1537 板控制信号端口为 3 号。票据打印机自身设置：票据打印机背后有一个用金属板封闭的端口，将此金属板拆除，用细螺丝刀将拨位开关从左至右依次拨为向下位置，最后一个开关拨为向上即可。

2. 出票只出一半或不切纸

检查原因及解决方法：

检查票据打印机内打印纸安装是否正确，重新安装票卷，调节票据打印机切纸刀位置，将打印机前面板下沿的调节挡板向下抽开，即可看到切纸刀调节开关，手工调节其位置，重新启动票据打印机即可。

四、自动栏杆机

1. 不受控动作（即不抬杆也不落杆）

检查供电线路：打开自动栏杆机箱，用万用表测量栏杆控制器端子1、2、3，应为220V；测量栏杆保险，车道控制机BRCL端子27号。

检查控制信号输入：用万用表测量栏杆控制器1 9、22端子间的电压（栏杆动作时应为24V）。①无电压：检查自动栏杆控制继电器（S9继电器）是否工作正常；②有电压：测量栏杆控制器输出给电动机的电压（5、6、7）应为220V，没有输出则更换栏杆控制器，有输出则更换栏杆电动机。

2. 栏杆不受控抬起

3. 同不受控动作相同

4. 栏杆不自动落下

先用检查不受控动作的方法检查一遍。观察车辆检测器是否工作正常。当有车辆通过车线圈（大线圈）时，车辆检测器上面的指示灯应该被点亮；车辆过去后，指示灯立即恢复初始状态（指示灯灭）。

检查线圈工作状态：车道控制机BRCL端子排48、58号为过车线圈，57、47号为抓拍线圈，用万用表分别测量线圈通断情况，线圈工作正常情况下应更换车辆检测器。

车辆检测器灵敏度调节：车检上面有两个灵敏度调节开关，上面为过车线圈，下面是抓拍线圈，通常情况下灵敏度调节至1/2MAX状态。特别提示：当自动栏杆机的栏杆在无人操作情况下出现自动起落或者在起杆后不能正常落下，就可能是继电器（S9）已损坏，更换后即可。

五、费额显示器

1. 黑屏（没有任何显示）

供电、控制信号输入检查方法同票据打印机，供电端子为BRCL53号端子，控制信号输入为GEA1 537板端136。

2. 有个别LED数码管不亮

将费额显示器拆下来，更换中央处理芯片（单片机89C51）或更换整个费额显示器线路板。

六、语音报价器

1. 没有声音

用耳机直接插在工控机声卡上进行收费操作：①有声音：用万用表检查语音报价器信号输入线是否连通，线缆插头是否与线缆断开，如线缆连接没有问题，则更换喇叭；②没声音：检查车道控制机内声音文件是否丢失，从其他车道重新拷贝一份；或者重新安装声卡；更换声卡。

2. 声音嘶哑

用万用表测量语音报价器信号输入线，将任意一头线缆芯与屏蔽层短接，测量另一头线缆芯与屏蔽层之间的电阻应为零或非常小，接近于零。将两端线缆芯与屏蔽层分别断开进行电阻测量应为无穷大，否则更换线缆，线缆性能合格则更换喇叭。

七、车道通行信号灯

1. 车道通行灯红灯不亮

用万用表检查车道通行信号灯供电线路，检查车道控制机 BRCL 端子排 10 号端子保险是否完好，如烧毁则更换保险管；观察车道控制机继电器是否工作正常，如继电器没有工作则更换。

2. 车道通行信号灯绿灯不亮

检查过程同车道通行信号灯红灯不亮。

3. 车道通行信号灯个别像素不亮

由于车道通行信号灯的像素是由高亮度 LED 数码管用环氧树脂浇铸而成，LED 数码管性能相当稳定，不容易损坏，更换像素较为困难，在亮度不受太大影响的情况下则继续使用；损坏像素较多时直接更换车道通行信号灯。

第二节　计重收费设备的维护

一、计重设备的影响因素

公路收费计重系统由弯板或称重传感器、地感线圈、红外线车辆分离器、轮胎识别器和工控机数据处理中心构成。弯板式称重传感器主要是对车辆车轴的称重、速度检测、轴型判断。红外线车辆分离器用来进行车辆的分离及提供开始、结束等信号。线圈主要是倒车的检测，并与红外线分离器一起对非车辆以外的物体或人通过时的判断、减少出错。工控机数据处理中心用来处理来自于各传感器的信号、计重数据，把相关数据通过通信方式传给收费计算机。

在实际工作当中，称重系统中出现的故障多为数据不稳定（偏低或偏高）和无数据两类故障。其中，数据不稳定在维护过程中是较难处理的一个问题。近几年来，通过对计重设备的维护，总结出对计重设备影响的因素有以下几个方面，如气候环境、安装工艺、参数调整、使用等。

1. 气候环境对电子设备的影响

在冬季处理称重故障时，电池缝隙易渗出电解液。电子元件对温度是有要求的，在电子元件中电容对温度的要求比较高，而现在的机柜无保温装置，一定程度上影响着称重的稳定。在冬季对称重处理中心柜应当采用保温措施，现有的称重机柜应当说适合气候温暖的地方，应当改进机柜的密封性，增加保温装置。

2. 安装工艺对计重设备的稳定起决定性的作用

现有称重设备弯板的安装工艺应当提高，应严格按照设备规定的技术参数要求安装。

(1)弯板安装的坡度应精确。称重设备的理想称重状态是车辆水平地、匀速地从称重平台上通过。因此，保持收费车道的平整度十分重要，若有坡度就会使车辆产生势能，并最终转化为车辆对称重设备的冲量，影响精确度，故应做坡度处理，使纵横坡度均不大于 2%。在土建规划中为保证称重精度，称重车道及收费广场设计时应尽量减少坡度。路面应平整无坑槽、无凸起，百尺检测最大间隙应不大于 3m，同时可在车道适当位置安装减速板。

(2)弯板安装的密封工艺应当提高，在现有的技术水平条件下，应该能做到这一点。

(3)弯板安装要平整，称重设备自动安装应水平、垂直。特别是称重平台的安装一定要水平，垂直。事实上，影响称重设备精确性的因素很多，但称重平台的安装如果不当，其对精确性的影响将是直接的、长期的和难以克服的。因此，安装时一定要保持称重平台面板与车道路面在同一水平面上，避免车轮碾压时产生冲量。

3. 称重参数要定期作调整

在刚标完称时的称重参数可以说符合当时弯板的电子模拟量，但随着弯板的使用，车辆的频繁挤压，弯板会存在疲软的问题，这就需要及时地对参数做调整，使其尽量接近当时情况下弯板的电子模拟量，从而避免称重数据每隔一段时间就发生变轻现象。

4. 收费站对车道的轮换使用应当成为制度

收费站应根据车流量的大小适当调整车道的使用频率，避免经常使用同一条车道，对设备应均衡使用，尽量延长设备的使用寿命。同时，收费站工作人员应做好收费设备的日常维护、保养工作，勤擦洗，勤打扫，严格按照设备维护的要求做好设备保养工作，减少设备故障，提高设备的利用率和完好率。

二、常见故障分析

1. 车辆信息丢失

车辆通过称重区域，没有信息反应在车道收费机上，此时需要插入车辆信息。故障原因有：

(1)通信故障，可能是通信线松动；

(2)中控器受强烈干扰后不工作且不能自恢复；

(3)秤台采集信息故障；

(4)车辆判断系统不能正常提供车辆信息；

(5)车辆通过秤台时速度过快、采集信息太少，软件误判为干扰信号。增加台面有效长度可减少车辆信息丢失故障。

2. 轮轴识别错误

车辆通过称重区域，轮轴判断错误，丢失车轴或增加车轴，此时需要修改车辆信息。故障原因是由于判断轮轴所用传感器没能得到正确信息，如秤台限位过松或过紧等。增加秤台数可通过两次以上的判断，减少轮轴识别故障。

3. 车辆分离故障

车辆通过称重区域，车辆分离出现错误，将两辆车合并为一辆，或将一辆车分成两辆，此时需要拆分或合并车辆信息。故障产生的原因是光幕被遮挡、污染或线圈有故障。

4. 称量精度偏差

车辆通过称重区域，车辆重量有差异，原因可能是：

(1)车辆通过秤台时制动或加速；

(2)车辆通过秤台时速度过快，采集数据不准；

(3)秤台有故障；

(4)传感器有故障。多秤台结构增加了采集的有效数据量，有利于进行精确的数学分析，能够较大幅度地提高称量精度。

三、称重系统设备故障的应急处理

(一)设备故障处理

1. 线圈损坏

当线圈发生故障时，只要光栅正常，并不影响使用，此时就该立即报修，然后继续使用。

2. 光栅损坏

当光栅发生故障时,会影响车辆的判别。此时就该立即报修,接着打开备用车道收费。如果没有备用车道可以使用,但是有备用线圈时,则人工疏导车辆,保持车距在2m以上,使用线圈收尾。

3. 光栅和线圈同时损坏

光栅和线圈同时损坏时,称重设备不能够对车辆收尾,无法向车道计算机提供车辆数据。此时要立即报修,然后打开备用车道收费;当没有备用车道可以使用时,则按照最低标准收费。

4. 胎型检测器损坏

胎型检测器损坏时,称重设备无法正确判断轴型,最终使得车道计算机计算总轴限错误。但是,当胎型检测器损坏时,轴重数据一般都是正确的;发生总轴限计算错误时,计算出的总轴限往往低于实际总轴限,使得不超限的车辆也被误判为超限。

对于不超限车辆没有影响,对于超限车辆则有可能因总轴限错判而引发争执。此时就要立即报修,接着打开备用车道收费。当没有备用车道可以使用时,则将车道收费软件设置为胎型监测器故障的工作方式,除前轴外,所有后轴都按双胎处理。

5. 称台损坏

称台损坏时,无法提供称重数据。此时要立即报修,然后打开备用车道收费。当没有备用车道可以使用时,则按照最低标准收费。

6. 完全损坏

称重设备完全损坏时,无法提供称重数据。此时要立即报修,接着打开备用车道收费。当没有备用车道可以使用时,则按照最低标准收费。

(二)设备错误处理

1. 通信错误

正常使用的称重设备,如果发生不能够读取称重数据,或者读取称重数据错误时,有可能是通信错误。此时首先需重新启动车道计算机。如果无效,则重新启动称重设备。再无效时打开备用车道收费。当没有备用车道可以使用时,则按照最低标准收费。

2. 称量误差

对于已经正确标定的称量设备所产生的称量误差,统一使用拆账中心下发的误差修正值按轴修正。

3. 称量错误

对于已经正常使用的称量设备偶然产生的称量错误,按照最低标准收费。

4. 总轴限计算错误

发生总轴限判断错误的原因多数是因为胎型检测器将双胎判成单胎。引起称重设备对轴型判断错误。最终使得车道计算机计算总轴限错误。发生总轴限计算错误时,计算出的总轴限往往低于实际总轴限,使得不超限的车辆也被判为超限,但是,在发生总轴限判断错误时,轴重数据一般都是正确的。此时,如果没有影响收费金额,一般不会引发争执,可以不必理会。但是当影响到收费金额,尤其是在超限加收时,往往会引发争执。一旦发生争执,则须针对该辆车,临时将车道收费软件设置为胎型监测器故障的工作方式。

5. 车辆分断不清

车辆分断不清时,称重设备会将两辆车,甚至多辆车判断成一辆车。该辆车的轴数是被错判的车辆总轴数之和,质量是各车的质量之和,而各轴的轴型和轴重不变。此时首先统计实际车数,然后采用人工顺序输入各车辆、各轴轴型的方式,进行人工判定处理。

6. 错误分断车辆

错误分断车辆时，称重设备会将一辆车判断成两辆车，但是总轴数和总质量与实际车辆相同。此时采用人工输入车辆、各轴轴型的方式，进行人工判定处理。

7. 总轴数判断错误

总轴数判断错误时，会使得总轴限误判为较大值，此时如果总质量不变对收费金额没有影响，一般不会引发争执，可以不必理会。如果总质量增加能够进行人工判定时，则删去错误的轴（轴组）数据，重新计费。无法进行人工判定时，按照最低标准收费。

阅读材料

现代设备管理的新趋势

随着工业化、经济全球化、信息化的发展，机械制造、自动控制、可靠性工程及管理科学出现了新的突破，使现代设备的科学管理出现了新的趋势。把握这一新趋势，对于加强我国设备管理的现代化和科学化具有重要的现实意义。这一新趋势主要表现在以下方面。

一、设备管理信息化趋势

管理信息化是以发达的信息技术和发达的信息设备为物质基础，对管理流程进行重组和再造，使管理技术和信息技术全面融合，实现管理过程自动化、数字化、智能化的全过程。现代设备管理的信息化应该是以丰富、发达的全面管理信息为基础，通过先进的计算机和通信设备及网络技术设备，充分利用社会信息服务体系和信息服务业务为设备管理服务。设备管理的信息化是现代社会发展的必然。

设备管理信息化趋势的实质是对设备实施全面的信息管理，主要表现在以下几个方面：

1. 设备投资评价的信息化

企业在投资决策时，一定要进行全面的技术经济评价，设备管理的信息化为设备的投资评价提供了一种高效可靠的途径。通过设备管理信息系统的数据库，获得投资多方案决策所需的统计信息及技术经济分析信息，为设备投资提供全面、客观的依据，从而保证设备投资决策的科学化。

2. 设备经济效益和社会效益评价的信息化

由于设备使用效益的评价工作量过于庞大，很多企业都不做这方面的工作。设备信息系统的构建，可以积累设备使用的有关经济效益和社会效益评价的信息，利用计算机能够短时间内对大量信息进行处理，提高设备效益评价的效率，为设备的有效运行提供科学的监控手段。

3. 设备使用的信息化

信息化管理使得设备使用的各种信息的记录更加容易和全面，这些使用信息可以通过设备制造商的客户关系管理反馈给设备制造厂家，提高机器设备的实用性、经济性和可靠性。同时设备使用者通过对这些信息的分享和交流，有利于强化设备的管理和使用。

二、设备维修社会化、专业化、网络化趋势

设备管理的社会化、专业化、网络化的实质是建立设备维修供应链，改变过去大而全、小而全的生产模式。随着生产规模化、集约化的发展，设备系统越来越复杂，技术含量也越来越高，维修保养需要各类专业技术和建立高效的维修保养体系，才能保证设备的有效运行。传统的维修组织方式已经不能满足生产的要求，有必要建立一种社会化、专业化、网络化的维修体制。

设备维修的社会化、专业化、网络化可以提高设备的维修效率、减少设备使用单位备品配件的储存及维修人员,从而提高了设备使用效率,降低资金占用。

三、可靠性工程在设备管理中的应用趋势

现代设备的发展方向是自动化、集成化。由于设备系统越来越复杂,对设备性能的要求也越来越高,因而势必提高对设备可靠性的要求。

可靠性是一门研究技术装备和系统质量指标变化规律的科学,并在研究的基础上制定能以最少的时间和费用、保证所需的工作寿命和零故障率的方法。可靠性科学在预测系统的状态和行为的基础上建立选取最佳方案的理论,保证所要求的可靠性水平。

可靠性标志着机器在其整个使用周期内保持所需质量指标的性能。不可靠的设备显然不能有效工作,因为无论是由于个别零部件的损伤,或是技术性能降到允许水平以下而造成停机,都会带来巨大的损失,甚至灾难性后果。

可靠性工程通过研究设备的初始参数在使用过程中的变化,预测设备的行为和工作状态,进而估计设备在使用条件下的可靠性,从而避免设备意外停止作业或造成重大损失和灾难性事故。

四、状态监测和故障诊断技术的应用趋势

设备状态监测技术是指通过监测设备或生产系统的温度、压力、流量、振动、噪声、润滑油黏度、消耗量等各种参数,与设备生产厂家的数据相对比,分析设备运行的好坏,对机组故障作早期预测、分析诊断与排除,将事故消灭在萌芽状态,降低设备故障停机时间,提高设备运行可靠性,延长机组运行周期。

设备故障诊断技术是一种了解和掌握设备在使用过程的状态,确定其整体或局部是否正常或异常,早期发现故障及其原因,并能预报故障发展趋势的技术。

随着科学技术与生产的发展,机械设备工作强度不断增大,生产效率、自动化程度越来越高,同时设备更加复杂,各部分的关联愈加密切,往往某处微小故障就会引发连锁反应,导致整个设备乃至与设备有关的环境遭受灾难性的毁坏,不仅造成巨大的经济损失,而且会危及人身安全,后果极为严重。采用设备状态监测技术和故障诊断技术,就可以事先发现故障,避免发生较大的经济损失和事故。

这一技术的应用深刻地改变了原有的维修体制,节省了大量维修费用。长期以来我国对机械设备主要采用计划维修,常常不该修的修了,不仅费时花钱,甚至降低了设备的工作性能;该修的又没修,不仅降低设备寿命,而且导致事故。采用故障诊断技术后,可以变"事后维修"为"事前维修",变"计划维修"为"预知维修"。

五、从定期维修向预知维修转变的趋势

设备的预知维修管理是现代设备科学管理发展的方向。为减少设备故障,降低设备维修成本,防止生产设备的意外损坏,通过状态监测技术和故障诊断技术,在设备正常运行的情况下,进行设备整体维修和保养。在工业生产中,通过预知维修,降低事故率,使设备在最佳状态下正常运转。这是保证生产按预定计划完成的必要条件,也是提高企业经济效益的有效途径。

预知维修的发展是和设备管理的信息化、设备状态监测技术、故障诊断技术的发展密切相关的。预知维修需要的大量信息是由设备管理信息系统提供的,通过对设备的状态监测,得到关于设备或生产系统的温度、压力、流量、振动、噪声、润滑油黏度、消耗量等各种参数,由专家系统对各种参数进行分析,进而实现对设备的预知维修。

以上设备管理的新趋势是和当前社会生产的技术经济特点相适应的,这些新趋势带来了设备管理水平的提升,如表 6-1 所示。

新趋势带来的设备管理水平的提升 表6-1

新 趋 势	带来的新改进
信息化趋势	①设备投资评价的信息化； ②设备经济效益、社会效益评价的信息化； ③设备使用的信息化
维修的社会化、专业化、网络化趋势	①保证维修质量、缩短维修时间、提高维修效率、减少停机时间； ②保证零配件的及时供应、价格合理； ③节省技术培训费用
可靠性工程的应用	①避免意外停机； ②保证设备的工作性能
状态监控和故障诊断技术	①保证设备的正常工作状态； ②保证物尽其用，发挥最大效益； ③及时对故障进行诊断，提高维修效益
从定期维修向预知维修的转变	①节约维修费用； ②降低事故率、减少停机时间

以上提到的现代设备管理的几个发展趋势并不是相互孤立的，它们之间相互依存、相互促进。信息化在设备管理中的应用可以促进设备维修的专业化、社会化；预知维修又离不开设备的故障诊断技术和可靠性工程；设备维修的专业化又促进了故障诊断技术、可靠性工程的研究和应用。

参考文献

[1] 刘伟铭,王哲人,郑西涛. 高速公路收费系统理论与方法. 北京:人民交通出版社,2000.

[2] 杨志伟,罗宇飞. 高速公路机电系统管理. 北京:机械工业出版社,2004.

[3] 张远. 高速公路收费管理. 北京:机械工业出版社,2004.

[4] 许宏科,赵祥模,关可. 高速公路收费系统理论及应用。北京:机械工业出版社,2003.

[5] 中国交通报社. 公路超限运输治理实务. 北京:人民交通出版社,2003.

[6] 高速公路丛书编委会. 高速公路运营管理. 北京:人民交通出版社,2003.

[7] 黄磊. 收费公路管理条例实施手册. 北京:北京北影录音录像公司,2004.

[8] 焦振芳. 高速公路机电工程. 中国交通建设监理,2001(3).

[9] 林兴旺. 高速公路管理论文集. 北京:人民交通出版社,2000.

[10]《高速公路养护管理》编委会. 高速公路养护管理. 北京:人民交通出版社,2001.